Sascha Drache

Geheimwissen Vermögensschutz

Sascha Drache

GEHEIMWISSEN VERMÖGENSSCHUTZ

7 Erfolgsgeschichten
durch Familienstiftungen

BOURDON
VERLAG

Sämtliche Angaben in diesem Buch dienen nur der allgemeinen Information und stellen keine Rechts- und / oder Steuerberatung im Einzelfall dar. Dieses Buch kann eine individuelle Rechts- und / oder Steuerberatung durch einen unabhängigen Rechtsanwalt und / oder Steuerberater im Einzelfall nicht ersetzen.

Ausschließlich zum Zweck der besseren Lesbarkeit wird auf die geschlechtsspezifische Schreibweise verzichtet. Alle personenbezogenen Bezeichnungen in diesem Buch sind somit geschlechtsneutral zu verstehen.

Bibliografische Information der Deutschen Nationalbibliothek

Die Deutsche Nationalbibliothek verzeichnet diese Publikation
in der Deutschen Nationalbibliografie; detaillierte bibliografische Daten
sind im Internet unter http://dnb.d-nb.de abrufbar.

Umschlaggestaltung: Lena Vansteenkiste | www.lenavansteenkiste.de
Umschlagfoto: Falko Wübbecke
Satz und Layout: Das Herstellungsbüro, Hamburg | www.buch-herstellungsbuero.de
Druck und Bindung: CPI GmbH
Printed in Germany

ISBN 978-3-947206-07-0

www.bourdon-verlag.de

Inhalt

Vorwort

Was wäre, wenn es etwas gäbe, das Ihnen helfen würde, Ihr Vermögen bei gleicher Arbeitsleistung schneller aufzubauen und zu schützen? Wenn es Sie, Ihre Familie und alle Menschen, die Ihnen wichtig sind, sicher versorgen würde? Wenn Sie in einem neuen Maß an Freiheit leben könnten? Ihre wirtschaftlichen Risiken reduzieren würden? Und Sie darüber hinaus auch noch zu einem erlesenen Kreis gehören würden, der sich einer alten Tradition bedient? Stellen Sie sich bitte kurz vor, dass es so etwas gäbe. Und jetzt meine Frage an Sie persönlich: Wie gut fühlt sich das für Sie an? Wie fühlt es sich für Sie an, die Familie versorgt zu wissen? Welche Bilder von Sicherheit und Freiheit sehen Sie vor Ihrem inneren Auge? Wie würden sich Lebenszufriedenheit und Leichtigkeit anhören, wenn man sie hören könnte?

Mein eigenes Leben wurde vor allem von Begegnungen mit anderen Menschen beeinflusst. Und ich bin dankbar für jede einzelne Begegnung. Dieses Buch soll – so meine Intention – die Chance auf eine solche Begegnung zwischen Ihnen und mir sein. Eine Begegnung, von der Sie spätestens in einigen Jahren sagen könnten: »Gut, dass ich Sascha Drache damals kennengelernt habe.« Einige meiner Kunden haben mir auch schon gesagt: »Schade, dass ich Sie nicht schon viele Jahre früher kennengelernt habe. Da hätte ich sehr, sehr viel Geld sparen können.« Doch dass wir uns heute kennenlernen, ist besser als erst in ein paar Jahren. Ich freue mich darauf, Sie auf diese spannende Reise mitzunehmen. Sie werden Möglichkeiten kennenlernen, die oben gestellten Fragen in angenehme Aussagen verwandeln können.

Dieses Buch habe ich nur für Sie geschrieben. Ich kannte den Inhalt ja vorher schon. Es soll dazu dienen, Ihnen die großartigen Chancen aufzuzeigen, die uns der Gesetzgeber lässt, um unser Leben selbst zu gestalten und um selbstbestimmt zu leben. Zu einem selbstbestimmten Leben gehört aus meiner Perspektive auch Geld. Geld alleine macht nicht glücklich. Das hat auch kein reicher Mensch je behauptet. Jedoch kann ein Vermögen helfen, glücklichen Menschen ein sehr angenehmes Leben zu ermöglichen – und deren Kindern einen guten Start ins (berufliche) Leben zu schenken. Und generell anderen Menschen etwas Gutes zu tun.

Der Titel des Buches beschreibt den Inhalt dieses Buch sehr gut: »Geheimwissen Vermögensschutz«. Eine der ersten Fragen, die ich meinen Kunden stelle, lautet: »Muss Ihnen ein Vermögen gehören oder würde es Ihnen reichen, wenn dieses Vermögen Ihnen dient? Und zwar so, wie Sie es wollen?« Ein großer Unterschied! Und zugegeben ein Gedanke, der an einigen Glaubenssätzen rütteln oder zum gedanklichen Knoten im Gehirn führen kann, auch wenn die Antwort offensichtlich ist.

Aber worum geht es in diesem Buch genau? Es geht um Familienstiftungen – und was eine solche Stiftung für Sie als Stifter *konkret* tun kann. Eine Stiftung sollte – wie vieles andere im Leben auch – niemals Selbstzweck sein. Sie sollte dem Menschen, der sie geschaffen hat, also dem sogenannten Stifter, dienen. Und allen Menschen, die dem Stifter wichtig sind.

Daher habe ich mich entschlossen, Ihnen die Materie der Stiftung auf die älteste, gehirnfreundlichste und intuitivste Weise näherzubringen. In den folgenden sieben Geschichten, die ich hier »Fallbeispiele« genannt habe, weil sie an konkrete Geschichten meiner Kunden angelehnt sind, erfahren Sie, welche unterschiedlichsten Nutzen so eine Stiftung haben kann und warum sie immer die Grundlage, das Fundament, eines jeden finanziellen Konzepts sein sollte. Die achte Geschichte ist als Bonus gedacht, um Sie auch mit meinem zweiten Herzensthema, der gemeinnützigen Stiftung, vertraut zu machen.

Nach jeder Geschichte werde ich die aus meiner Sicht entscheidenden Punkte zusammenfassen, bevor wir uns der nächsten Geschichte zuwenden. Nach allen Geschichten kommt dann im zweiten Teil ein kompakter Überblick über die Familienstiftung.

Dieses Buch versteht sich weder als steuerliche noch als rechtliche Beratung. Was ich in den letzten 15 Jahren in der Begleitung meiner Kunden auf dem Weg zur jeweiligen, auf die persönlichen Bedürfnisse hochgradig angepassten Stiftung erleben durfte und musste: Auch Steuerberater oder Rechtsanwälte sind keine Garanten für eine gute, finanziell erfolgreiche und fehlerfreie Stiftungsgründung.

Wenn Sie nach der Lektüre dieses Buches eine Stiftung gründen möchten: Engagieren Sie nur Menschen, die sich auf die Gründung von Stiftungen spezialisiert haben und hier viel Erfahrung vorweisen können. Alles andere wird kurz-, mittel- und langfristig sehr, sehr viel teurer werden und länger dauern als notwendig.

Aufgrund der vielen unterschiedlichen Fälle, die ich bis heute begleiten durfte, und aufgrund der vielen Rückmeldungen meiner Kunden komme ich zu folgendem Schluss:

Dieses Buch könnte wegweisend für Ihr weiteres finanzielles Leben sein.

Ich selbst habe seit meinem Schulabschluss vor sehr langer Zeit alle Höhen und Tiefen im Unternehmensalltag in entscheidender Position erlebt. Ich habe erlebt, wie finanzielles Unwissen Vermögen vernichten oder gar nicht erst entstehen lassen kann. Ich habe bei anderen Menschen erlebt, wie Geld zu einem Traumverhinderer werden kann.

Und ich bin der Meinung, dass der Mangel an Geld uns und unserer Familie niemals im Weg stehen sollte. Und ich bin der Meinung, dass wir unser verdientes Geld bestmöglich schützen und ihm die besten Möglichkeiten geben sollten, für uns zu arbeiten und uns damit zu dienen.

Neben all den inhaltlich wichtigen Aspekten dieses Buches wünsche ich Ihnen vor allem auch viel Spaß auf dieser Reise.

Herzlichst
Ihr Sascha Drache

I.

FALLBEISPIELE

Fallbeispiel 1

Die Familie gut versorgt wissen

Eine Stiftung als Absicherung

■ *Wie eine Stiftung der dauerhaften Vorsorge für die Familie dienen kann, ist der Inhalt dieses Fallbeispiels. In diesem Fall ist es ein Schicksalsschlag, der zur Entscheidung der Stiftungsgründung führt. Das muss selbstverständlich nicht sein. Doch oftmals sind es Wendepunkte in unserem Leben, die uns unsere Überzeugungen und Bedürfnisse überdenken lassen. Und in diesen Fällen ist es dann umso sinnvoller, die Weichen in die richtige Richtung zu stellen.*

Es war ein sonniger Tag, als Raphael Wagner erkannte, dass er sterben würde. Nicht direkt. Die Ärzte meinten, er könne immer noch hundert werden. Doch auch wenn dieses Alter noch einige Jahrzehnte in der Zukunft lag, so störte ihn der Konjunktiv der Aussage.

An dem Tag, als Raphael Wagner sich seiner eigenen Sterblichkeit bewusst wurde, sah es ohnehin nicht danach aus. Seine Armbanduhr zeigte kurz vor sieben Uhr morgens an. Leichte Nebelschwaden lagen über der Landschaft. Doch sie konnten nicht verbergen, dass es ein herausragend schöner Tag werden würde: »Kaiserwetter«.

Raphael Wagner stand am Abschlag zum sechsten Loch. Er liebte es, um diese Uhrzeit hier zu sein, auf seinem Golfplatz, nur er, der Schläger, der Ball und der Platz. Als Early Bird mit einem Birdie in den Tag starten – wenn nicht noch besser. In wenigen Stunden schon wäre es hier nicht mehr so ruhig. In wenigen Stunden würden die anderen Mitglieder kommen, den Platz bevölkern und seinen Frieden stören. Doch so früh, wie er hier war, verirrte sich sonst niemand an einem Samstagmorgen hierher.

Wagner holte aus und konnte schon am Schwung spüren, dass es ein guter Schlag werden würde. Und er wäre es auch geworden. Aber dann durchfuhr ihn ein stechender Schmerz, der Schläger fiel zu Boden, Wagner griff sich an die Brust. Er sank in die Knie und kippte, kaum dass seine Knie den Boden berührten, zur Seite. Er wusste nicht mehr, wie lange er so dort im Gras lag. Er würde sterben. Dieser Gedanke war das Einzige, was ihm in diesem Moment durch den Kopf schoss. Er würde sterben. An einem Samstag, kurz vor sieben, bei perfektem Golfwetter.

Die weiteren Ereignisse versanken in einem verschwommenen Nebel. Entfernte Stimmen, die irgendetwas sagten. Besorgte Blicke. Die Lichtpunkte von Taschenlampen, die in seine Augen leuchteten. Entfernte Klänge des Martinshorns. Neonröhren an Flurdecken. Dann wurde alles dunkel.

Als Wagner wieder aufwachte, lag er in einem Krankenhausbett. Seine Frau wachte an seiner Seite und hielt seine Hand. Er lächelte und bemerkte gleich wieder ein Stechen. Doch die flimmernde Linie auf dem Monitor, der neben seinem Bett platziert war, blieb gleichmäßig.

»Wie geht es dir?«, fragte seine Frau.

»Bestens«, presste er hervor, mit ironischem Unterton und gequältem Lächeln. Es ging ihm nicht gut. Wie sollte es das auch?

An diesem Tag waren sie alle gekommen. Neben seiner Frau, die nicht von seiner Seite wich, seine zwei Töchter, sein Sohn, die Enkel und die Schwiegerkinder. Auch sein Bruder und die Nichten, zu denen er ebenfalls ein enges Verhältnis pflegte. Um kurz vor sieben vertrieben die Schwestern schließlich die vielen Besucher. Der Patient brauche Ruhe. Nur seine Frau dürfe bleiben. Aber auch sie verabschiedete sich aufgrund der stabilen Lage. Sie müsse noch Besorgungen machen. Ein bisschen was einkaufen. Sie wünschte ihm eine geruhsame Nacht und wäre gleich morgen wieder da.

»Natürlich«, sagte er. Er sagte es gern mit einem Lächeln.

Und so blieb er zurück. In dem sterilen, sauberen Zimmer, auf das er dank Zusatzversicherung einen Anspruch hatte. Allein mit seinen Gedanken zu seiner eigenen Endlichkeit. Eine Frage tauchte auf, nahm immer weiter Gestalt an und erfüllte schließlich seine Gedanken. Was wäre, wenn?

Was wäre gewesen, wenn er nun heute gestorben wäre? Wenn Theo und Klaus nicht ausnahmsweise zwei Stunden früher auf dem Platz gewesen wären, weil Theo noch zu einer Geburtstagsfeier musste und vorher noch seine gesamte Samstagsrunde spielen wollte? Wenn der Krankenwagen nicht rechtzeitig da gewesen wäre? Und wieder: Wenn er an diesem Tag gestorben wäre.

Nun, vermutlich würde er am wenigsten darunter gelitten haben. Für die Hinterbliebenen ist es immer am schwersten. Doch wie hätten sie weitergelebt? Wären sie gut versorgt gewesen? Bliebe die Familie die Gemeinschaft, die sie heute ist? Oder hätte sein Tod sie entzweit?

Raphael Wagner war ein reicher Mann. Er hatte es verstanden, Vorteile zu nutzen und dabei redlich zu bleiben. Eine Tatsache, die ihn nicht selten mit Stolz erfüllt hatte. Aber was hätte das alles für einen Wert, wenn die Früchte dieser Arbeit wie in einem Strohfeuer verbrennen würden, sein Erbe versanden würde? Mit der Konsequenz, dass alle ihm wichtigen Menschen letztlich in eine unwürdige Lebenssituation oder gar in Armut geraten würden. Er hätte es nicht mehr in der Hand gehabt, hätte nichts mehr für sie tun können. Und das störte ihn.

Mit Beharrlichkeit zu Millionen

Als Raphael Wagner noch ein junger Mann war, gerade das Abitur in der Tasche, wollte er nur eins: viel Geld verdienen. So legte er bei seiner beruflichen Ausbildung eine Zielstrebigkeit an den Tag, die sein Umfeld nur bewundern konnte. Nach dem Zivildienst studierte er Wirtschaftswissenschaften und legte dabei unter anderem ein paar Semester an der Universität St. Gallen sowie in den USA ein. Englisch sprach er alsbald verhandlungssicher, in seinem Jahrgang war er immer einer der Besten. Doch das reichte ihm nicht. Er lernte die Nächte durch, um die Spitzenposition zu erreichen und der alleinige Beste seines Jahrgangs zu werden. Denn nur so, so war er überzeugt, könne er später seinen Traumjob finden.

Bereits während des Studiums suchte er immer wieder Praktika in renommierten Bankhäusern. Er arbeitete in Frankfurt und bekam durch einen seiner damaligen Chefs die Möglichkeit, auch einmal in der Niederlassung in London erste Erfahrungen zu sammeln. Seinen Abschluss bestand er mit Bravour und besten Noten. So wunderte es nicht, dass er sofort nach der Uni seinen Platz in einer angesehenen Bank sicher hatte. Investmentbanking – das war es, was er machen wollte und wozu er auch seine Chance bekam.

In seinem letzten Semester an der Universität feierte er nicht nur fachliche Erfolge, sondern lernte auch seine große Liebe kennen. Sie – eine Volkswirtschaftlerin – war zwei Jahre jünger als er und verstand es hervorragend, ihn zu Höchstleistungen anzutreiben. Schon bald hatte er eine Idee für eine Doktorarbeit, stellte sie allerdings zunächst zurück, um in den Beruf zu starten. Seine ganze Kraft steckte er in den Beruf, während seine Frau in der Wissenschaft blieb. Drei Jahre später heirateten sie schließlich und begannen, ihre Familie zu planen. Während seine Frau mit ihrem ersten Kind schwanger war, arbeitete er 12 bis 16 Stunden in der Bank und erwarb manche Gratifikation. So gelang es, ein Traumhaus in einem der nobelsten Viertel Frankfurts anzuzahlen – das Heim für die Familie, zu der im Laufe der Zeit nach dem ersten noch zwei weitere Kinder hinzukamen.

Mit vierzig beschloss er, einen Gang zurückzuschalten. Es war eine Zeit, in der er mit einem Vorstandsposten geliebäugelt hatte, welcher ihm allerdings verwehrt blieb. Dies und die Kinder, deren Aufwachsen er mehr miterleben wollte, waren schließlich der Grund, warum er die ganz große Karriere verfehlte. Durch seine gehobene Stellung und einiges an Geschick bei der Geldanlage gelang es ihm aber dennoch, die finanzielle Unabhängigkeit zu erreichen, von der er geträumt hatte. Er arbeitete jetzt aus Spaß und nicht mehr, weil er es unbedingt musste. Er konnte sehen, wie seine Kinder aufwuchsen und erwachsen wurden. Die Familie wurde immer wichtiger für ihn. Hier schöpfte er die Kraft, die er zum Leben brauchte. Und immer, wenn sich die Gelegenheit bot, unterstützte er seine Lieben, damit sie ihre nächsten Schritte gehen konnten.

Einstehen für die Familie

Während er selbst seinerzeit nach dem großen Geld gestrebt hatte, war nur eine seiner Töchter ebenfalls wirtschaftlich interessiert. Seine Älteste machte sich selbstständig mit einem Start-up. Wagner hatte nicht ganz verstanden, worum es ging, gab ihr aber gerne Starthilfe. Wie die Geschäfte genau liefen, wusste er nicht. Und da er das Geschäftsmodell ohnehin nicht verstand, verfolgte er es nicht weiter. Dennoch half er immer gern, wenn etwaige Investitionen anstanden, ohne den Erfolg im Nachhinein weiter nachzuvollziehen.

Sein Sohn hatte sich dazu entschlossen, Erzieher zu werden. Er strebte nicht nach größeren Reichtümern, sondern war zufrieden mit seinem Leben – auch wenn er nicht in einer Villa, sondern in einer Drei-Zimmer-Mietwohnung lebte und einen alten VW Golf statt eines schicken Cabrios fuhr.

Seine Jüngste war unentschlossen, was sie machen sollte. Immer wieder sprach sie von einer künstlerischen Idee und dass man etwas bewegen müsse. Bevor sie allerdings Klarheit bezüglich dieses »Etwas« gewann, studierte sie erst einmal, wobei sie in regelmäßigen Semesterabständen ihr Hauptfach wechselte.

Raphael Wagner musste feststellen: Keines seiner Kinder konnte so richtig mit Geld umgehen. Solange er allerdings weiterhin arbeitete und sein Einkommen hatte, glich er gern Konten aus und freute sich darüber, dass seine Kinder glücklich waren.

Doch dann kam dieser Samstag, der sonnig startete und dann so finster endete. Als ihm klar wurde, dass es nicht ewig so weitergehen würde, er nicht auf ewig da sein würde und er seine Kinder nicht für immer würde unterstützen können. Er wollte eine Regelung treffen. Doch er wusste auch: Wenn er sein Vermögen aufteilen und verschenken würde, würde es versanden. Abgesehen davon hatte er als gewinnorientierter Mensch eine Abneigung gegenüber der Schenkungssteuer.

Eine Idee entsteht

Es war ein nebliger Novembertag, als er nach einem langen Arbeitstag in seinem Büro mit Blick über Frankfurt saß. Er hatte sich in seinem Chefsessel zurückgelehnt und die Fingerspitzen aneinandergelegt. Nur die Schreibtischlampe erhellte das Zimmer und er war in Gedanken versunken. Der Herzinfarkt war längst ausgeheilt, die Reha hatte er gut überstanden und er versuchte, alle ärztlichen Ratschläge zu einer gesünderen Lebensweise zu befolgen. Die Gedanken an seine eigene Endlichkeit ließen ihn allerdings nicht mehr los. Es beängstigte ihn nicht, aber er wollte ein Erbe hinterlassen, mithilfe dessen seine Kinder möglichst dauerhaft ein unbeschwertes Leben führen können.

Er griff zum Telefon und wählte eine Nummer. »Hallo Martina, ja, ja – viel zu lange nicht gehört. Ja – den Kindern geht es gut, alles bestens. Ich? Ja, ich bin auch wieder fest im Sattel. Aber ich habe ein Anliegen. Können wir uns in den kommenden Tagen mal zu Mittag treffen? Wunderbar! Dann bis übermorgen um eins.«

Martina Großenegger war seine Anwältin, die mit den Jahren allerdings weit mehr als das geworden war. Sie war Vertraute und Freundin, mit der er Dinge besprechen konnte, die er selbst mit seiner Frau nicht besprach – immer aber auf rein platonischer und freundschaftlicher Ebene. Heute trafen sie sich in einer kleinen Trattoria, die bekannt für ihre selbstgemachte Pasta war. Eines ihrer Lieblingslokale. Da Wagner allerdings so lange durch seine Krankheit ausgefallen war, war er einige Zeit nicht mehr da gewesen. Nun saß er am Tisch und spielte mit seiner Serviette. Auf das übliche Glas Wein verzichtete er zugunsten eines Wassers ohne Kohlensäure. Seit dem Infarkt lebte er abstinent.

Die Tür öffnete sich und Martina trat ein. Raphael Wagner stand auf, Martina kam schnellen Schrittes auf ihn zu. Die Begrüßung war herzlich. Sie umarmten sich, deuteten links und rechts ein Küsschen an.

»Gut siehst du aus«, sagte Martina.

»Danke«, sagte Wagner. »Es geht auch wieder ganz gut.« So glitten sie in einen angenehmen Smalltalk über die Kinder, über dies und das, über Golf und nicht zuletzt über das schlechte Wetter, das Frankfurt ergriffen hatten. Und dann, sie hatten gerade die Vorspeisen bestellt, fragte Martina: »Du sagtest, du hättest ein Anliegen?«

»Ja«, sagte Wagner. »Es ist so …« Und er erzählte von seinen Überlegungen. Davon, dass er etwas hinterlassen wolle, was seine Familie dauerhaft absichere – obwohl er, Gott bewahre, nicht vorhabe, in nächster Zeit den Löffel abzugeben.

»Ich dachte an ein Treuhandvermögen oder so was. Irgendwas, wo Monat für Monat etwas ausgezahlt wird, ohne dass das Geld im Nichts versandet.«

Martina musste nicht lange überlegen: »Hast du schon mal an eine Stiftung gedacht?«

Raphael Wagner guckte zweifelnd. »Ich will meine Familie versorgen, nicht meinen Namen zementieren. So eitel bin ich nicht.«

»Du verstehst mich falsch«, antwortete Martina. »Ich spreche von einer Familienstiftung, deren Begünstigte du selbst bestimmst.«

Es wurde noch ein langes Essen, bei dem Wagner sich alles genau erklären ließ. Am Ende war klar: Die Familienstiftung war genau das, nach dem er gesucht hatte.

Dauerhafte Unterstützung schaffen

Für die folgende Woche hatten sich Raphael Wagner und seine Anwältin Martina Großenegger ein weiteres Mal verabredet. Bei diesem Termin wollten sie die genaue Ausgestaltung der Stiftung besprechen. Je länger Wagner darüber nachdachte, desto besser gefiel ihm die Idee. Denn wie Martina ihm bereits erklärt hatte, sei eine Stiftung darauf ausgelegt, ewig zu bestehen. Sie würde somit weit über seinen Tod hinaus noch seinen Nachkommen zugutekommen. Genau das war das Vermächtnis, das er sich wünschte.

Diesmal fand das Treffen im Anwaltsbüro statt. Martina stand von ihrem Schreibtisch auf, als Raphael Wagner eintrat, und grüßte herzlich. Sie setzten sich an einen Besprechungstisch, der in einer Ecke des riesigen Büros platziert war und bis zu zehn Leuten Platz geboten hätte. Martina und Wagner wählten zwei Plätze am Rand.

»Nun erzähl«, forderte Wagner. »Wie bekomme ich es hin, dass meine Kinder unterstützt werden?«

»Es ist recht einfach«, erklärte die Anwältin. »Du musst lediglich den Zweck deiner Stiftung entsprechend wählen und das notwendige Vermögen für diesen Stiftungszweck aufbringen.«

»Alles klar«, sagte Wagner: »Ich gründe also eine Stiftung mit dem Zweck, meinen Kindern Andrea, Thomas und Jessica eine monatliche Zuwendung in Höhe einer bestimmten Summe zukommen zu lassen.«

»Nein«, bremste die Anwältin. »So würde ich es nicht machten.«

»Wieso nicht?« Raphael Wagner war erstaunt.

Der Stiftungszweck – so erklärte Martina – sollte so breit wie möglich aufgestellt sein. Nur so gäbe es viele verschiedene Möglichkeiten, ihn zu erfüllen.

»Du musst die lange Zeit bedenken, die die Stiftung bestehen soll«, erklärte Martina ihrem Freund. »Was ist beispielsweise, wenn deine Kinder – so Gott will in sehr ferner Zukunft – selbst verstorben sind? Die Stiftung hätte ihren Zweck verloren. Wenn der Zweck allerdings lautet, deine Nachkommen zu versorgen, so sind die Kinder deiner Kinder ebenfalls mit in der Zuwendung vorgesehen und können von der Stiftung profitieren. Wenn du den Zweck so wählst, dass alle Familienangehörigen begünstigt werden sollen, hast du den Kreis auch auf deine Frau und all diejenigen ausgeweitet, die mit dir verwandt sind.«

»Aber das ist doch viel zu unkonkret«, gab Wagner zu bedenken.

»Richtig«, erklärte die Anwältin. »Aber beim Stiftungszweck geht es zunächst nur um den grundsätzlichen Zweck der Stiftung, der dann durch die Satzung weiter konkretisiert werden kann.«

Raphael Wagner atmete einmal tief durch. Das Ganze schien komplizierter zu sein, als er dachte. Schon jetzt war er froh, eine erfahrene Ratgeberin an seiner Seite zu haben. »Gib mal ein Beispiel.«

Martina lächelte. »Nun: Wir haben gerade gesagt, dass der Stiftungszweck ist, deine Verwandten finanziell zu unterstützen.«

»Mit einer bestimmten Summe pro Monat«, warf Wagner ein.

Die Anwältin hob bremsend die Hand. »Auch das gehört nicht in den Stiftungszweck.«

Wagner seufzte. »Sorry, ich unterbreche nicht mehr.«

Martina setzte erneut an: »Also: Stiftungszweck ist Unterstützung der Verwandten. Das ist der Stiftungszweck, der in der Satzung der Stiftung steht. In einem weiteren Paragraphen wird dann die Zweckerfüllung weiter ausgeführt. Hier werden wir Formulierungen wählen wie: Erfüllt werden kann der Zweck beispielsweise durch eine monatliche finanzielle Zuwendung. Aufnehmen sollten wir aber auch, dass zeitlich begrenzte Zuwendungen möglich sind. Beispielsweise, wenn einer deiner Enkel im Studium unterstützt werden soll, eine Bildungsreise unternimmt oder den Führerschein macht.«

Wagner strahlte. »Das klingt genau nach dem, was ich möchte.«

Das Stiftungskapital einbringen

»Wie viel Geld muss ich denn in die Stiftung einbringen?«, fragte Wagner.

»Das lässt sich so genau nicht sagen«, meinte die Anwältin. »Bei der Kapitalausstattung der Stiftung geht es darum, dass das eingebrachte Vermögen ausreicht, um den Zweck dauerhaft zu erfüllen. Dabei ist allerdings zu beachten, dass nicht das Vermögen selbst für die Zweckerfüllung verwendet wird, sondern nur die Erträge, die aus dem Vermögen erwirtschaftet werden.«

»Ich verstehe: Das Vermögen ist also wie eine Geldanlage und die Rendite wird meinen Verwandten ausgezahlt.«

»Richtig.«

»Gut. Dann wären das also fünf Millionen Euro, die ich in die Stiftung einbringe«, legte Wagner fest.

Die Anwältin verzog das Gesicht.

»Nicht genug …?«, stutzte Wagner.

Martina beschwichtigte: »Doch, doch, von der Summe her schon. Aber ich würde es aus einem anderen Grund nicht en bloc in die Stiftung einbringen.«

Raphael Wagner nahm sich eine der bereitstehenden Wasserflaschen und ein Glas. Mit einem Zischen hob er den Deckel mit dem Flaschenöffner ab. »Und welcher Grund wäre das?«

»Die Schenkungssteuer. Wenn du fünf Millionen der Stiftung bereitstellst, wirst du um diese nicht herumkommen.«

Wagner schwieg. Genau diese Steuer wollte er tatsächlich umgehen.

Martina nahm sich jetzt ebenfalls eine Flasche Wasser. »Um das Vermögen in die Stiftung zu bekommen, werden wir eine andere Strategie wählen. Die Vermögenswerte, die in die Stiftung aufgenommen werden, werden finanziert.«

Raphael Wagner schwieg.

Martina sprach weiter: »Das Geld dafür wirst du der Stiftung in einem Darlehen leihen.«

»Das ist möglich?«, fragte Wagner.

»Natürlich ist das möglich. Aber das Beste daran ist: Du schenkst das Geld der Stiftung nicht, sodass keine Schenkungssteuer anfällt.«

Mieteinnahmen als Absicherung

Wagner überlegte kurz. »Was für Vermögenswerte sollte ich denn in der Stiftung vorsehen?«

Für die Anwältin war das keine große Frage. »Im Moment sind Immobilien am besten. Sie bringen auf das Kapital eine entsprechend hohe Rendite, mit der die Kosten für das Darlehen getilgt werden können. Wir können dabei sehr genau kalkulieren, dass ein ausreichend großer Teil des Ertrags für die Zweckerfüllung zur Verfügung steht. Ist das Darlehen getilgt, ist dieser Anteil umso größer.«

Raphael Wagner war begeistert. »Das wird dann nach Ablauf des Darlehensvertrages sein.«

Die Anwältin bestätigte. »Genau. Du siehst, es ist in deinem Alter noch genau der richtige Zeitpunkt. Du kannst dein Vermögen effizient in die Stiftung einbringen und die Zukunft deiner Angehörigen absichern.«

Die Stiftung wird gegründet

In den kommenden Wochen und Monaten plante Wagner gemeinsam mit seiner Rechtsanwältin alle Details der Stiftung. Er entschied sich dazu, eine selbstständige Stiftung zu gründen, die vor dem Gesetzgeber eine eigenständige Rechtsperson darstellt. Den Posten des Vorstandes übernahm er selbst. Sollte er diese Funktion in späterer Zukunft nicht mehr ausüben können oder sollte er versterben, muss der Vorstandsposten von einem seiner direkten Verwandten übernommen werden. Die Entscheidung dazu trifft ein Familienrat, dem alle direkten Verwandten ab ihrem 18. Lebensjahr angehören. Die Mittel, die aus der Stiftung zur Verfügung stehen, werden in Gratifikationen zweimal jährlich an die Familienmitglieder ausgeschüttet. Zudem ist vorgesehen, dass auch Sonderzahlungen möglich sind, sofern ein Familienmitglied über einen bestimmten Zeitraum eine Geldsumme für eine Ausbildung oder einen ähnlichen Zweck benötigt. Und auch die Förderung der weiteren Verwandtschaft wurde vorgesehen. Diese muss zwar im Familienrat besprochen und beschlossen werden, allerdings stellte Wagner auf diese Weise sicher, dass er allen Mitgliedern seiner großen Familie, die ihm sehr am Herzen liegt, gerecht werden kann.

Ein ruhiges Ruhekissen

An einem ganz gewöhnlichen Dienstag saß Wagner wieder einmal in der kleinen Trattoria, in der vor einigen Monaten die Idee zu der Familienstiftung geboren worden war. Er genoss ein Glas fruchtigen Rotweins und studierte die Speisekarte ein wenig, während er wartete. Ein paar Minuten später öffnete sich die Tür und Martina trat ein. Die Begrüßung war gewohnt herzlich.

»Gut siehst du aus!«, stellte die Anwältin wieder einmal fest und diesmal konnte Wagner es nur bestätigen.

»Ich fühle mich auch gut.«

Sie setzten sich, sprachen über dies und das und bestellten die Vorspeise.

»Ich habe mir überlegt, mich zur Ruhe zu setzen«, sagte Raphael Wagner unvermittelt, als sie beim Hauptgang angekommen waren.

Martina hob die Augenbrauen. »Aha …«, sagte sie unbestimmt. »Wie kommt diese Idee zustande?«

Raphael Wagner lächelte: »Ich möchte mein Leben mehr genießen. Mehr Zeit auf dem Golfplatz verbringen, mich entspannen, später mal meine Enkel aufwachsen sehen.« Er blickte ein wenig im Gastraum umher, bevor er mit seinem Blick zurückkehrte. »Durch die Stiftung ist nun alles geregelt. Das Geld ist gut investiert, die Stiftungsaufsicht hat sie anerkannt. Alles ist in der richtigen Spur. Durch diese Entscheidung ist eine große Last von mir abgefallen. Nun kann ich zufrieden und entspannt in die Zukunft sehen.«

Martina lachte, während sie eine Portion Fettuccine auf ihre Gabel lud. »So soll es sein«, stellte sie fest.

»Absolut«, bestätigte Raphael Wagner.

Vorteile einer Familienstiftung aus diesem Fallbeispiel:

- Finanzielle Absicherung der Familie über Generationen hinweg.
- Finanzielle Absicherung auch der Familienmitglieder, die selbst nicht gut mit Geld umgehen können.
- Gezielte Unterstützungsmöglichkeiten von Familienmitgliedern (z. B. Studium), sofern die Satzung der Stiftung entsprechend gestaltet wurde.
- Gänzliche Vermeidung von Konflikten und Familienstreitigkeiten im Erbfall durch Übertrag des eigenen Vermögens auf eine eigenständige juristische Person (Stiftung).
- Mögliche Vermeidung von Schenkungssteuer bei entsprechenden Konstruktionen.
- Der Stiftungsvorstand (m/w/d) kann weiterhin das ehemals eigene Vermögen und dessen Geldflüsse steuern, ohne dass es ihm selbst gehören muss.

Fallbeispiel 2

Die Erbfolge bestimmen

Eine Stiftung als Nachlassregelung

Das »schwarze Schaf« gibt es in vielen Familien. Und auch wenn Eltern ihre Kinder grundsätzlich lieben, kann es manchmal notwendig werden, Unterstützung zu verweigern. Wenn es ums Erbe geht, droht dann allerdings Streit: Pflichtteile müssen gewährt werden, selbst wenn das Tischtuch zerschnitten ist. Und wurde ein Vermögen erst einmal auf diese Weise vererbt, wird eine spätere Versöhnung umso schwieriger. Es muss nicht immer Streit vorliegen, wenn Menschen eigene Nachlassregelungen finden wollen. In anderen Kulturkreisen ist es üblich, dass Familienmitglieder unterschiedliche Anteile erben – ganz nach den Aufgaben, die die Hinterbliebenen später in der Gemeinschaft der Familie übernehmen. Dieses Fallbeispiel zeigt, welche Flexibilität eine Stiftung bei der Nachlassregelung im Vergleich zum Erbrecht bieten kann.

Er mochte es, an dieser Straße zu stehen.

Er mochte die schäbigen Häuser.

Er mochte das fehlende Grün und er mochte die ärmlich aussehenden Kinder, die auf der Straße spielten, weil es zu Hause nichts zu spielen gab.

Denn so heruntergekommen es hier auch war: Es erinnerte ihn an seine Kindheit.

Andre Kaminski hatte keine leichte Kindheit gehabt. Er war genau hier aufgewachsen. In dieser Straße. In einem der schlechtesten Stadtteile Duisburgs. Und die Kinder, die er gerade beobachtete, erinnerten ihn an sich selbst.

Seine regelmäßigen Besuche in seiner alten Heimat erinnerten ihn daran, wo er herkam. Sie hielten ihn bei allem Erfolg auf dem Boden.

Wissen, wo man herkommt. Das war ihm wichtig. Und das war ihm auch bei seinen Kindern wichtig.

Ein schwieriger Start

»Wer von hier kommt, der wird nichts« – so lautete die Meinung über die Gegend, aus der Andre Kaminski stammte. Jede Schule hier zeichnete sich durch einen hohen Ausländeranteil aus. Die Deutschen mieden die städtischen Schulen. Andre Kaminski war auf einer solchen – obwohl er als Kind einer osteuropäischen Auswandererfamilie eigentlich auch auf einer konfessionellen Schule gut aufgehoben gewesen wäre.

Viele Kinder konnten zu Beginn ihrer Schulkarriere kaum Deutsch. Andre Kaminski lächelte, als er sich daran erinnerte. Er schlenderte die Straße entlang, um die nächste Straßenecke. Dort, vor einer Zeile aus Geschäften und Döner-Buden, war eine Stelle, an der er seinen geleasten Mercedes GLS gefahrlos hatte abstellen können.

Ja, es waren andere Zeiten angebrochen im Leben von Andre Kaminski. Ein Lächeln konnte er sich nicht verkneifen, als er einstieg, den Blinker setzte und sich auf den Heimweg machte.

Vom Nichts an die Spitze

Es war früher Nachmittag, als Andre Kaminski nach Hause kam. Hier war es nicht mehr schäbig. Ganz im Gegenteil. Mit seinem Mercedes fuhr er eine breite Einfahrt hinauf. Als er von der geräumigen Doppelgarage zur Haustür ging, knirschte der Kiesweg vornehm unter seinen Schritten. Mit einer fließenden Handbewegung gab er den Einlasscode auf der Tastatur ein und die Haustür sprang auf. Immer wenn er die große Eingangshalle betrat, konnte er nicht umhin, ebenfalls den Blick schweifen zu lassen. Wie bei der schäbigen Straße beschlich ihn hier ein verwandtes Gefühl: Man durfte nicht nur nicht vergessen, wo man herkam, sondern auch nicht, wo man inzwischen angekommen war.

Für Andre Kaminski war der Weg lang gewesen, weg von den schlechten Schulen, hin zum Inhaber eines der angesehensten Ingenieurbüros der Region. Früh hatte er die Schule als eine Chance für sich entdeckt. Das Lernen fiel ihm immer schon leicht – und so war es kein großes Problem für ihn, mit wenig Aufwand der Klassenbeste zu werden. Das Gymnasium blieb ihm durch seine Eltern verwehrt. Er sollte arbeiten gehen, nicht einer dieser Schnösel werden, die sich für etwas Besseres hielten. Je früher, desto besser. Doch die Realschule setzte er durch. Auch hier konnte er mit seinen Noten glänzen. Und als es dann daranging, sich zu bewerben, nahm er sein Leben endgültig selbst in die Hand. Er machte eine Ausbildung als technischer Zeichner, bekam dank seiner Schulnoten sogar mehrere Angebote von Unternehmen in der direkten Umgebung, bei denen er hätte anfangen können. Er entschied sich für eine andere Stadt, für eine bessere Gegend – auch wenn das für ihn jeden Morgen lange Zug- und Busfahrten bedeutete. Das brachte ihn am Tag lange von zu Hause raus, wo er nichts verpasste als depressive Gespräche über die alte Heimat, in der vielleicht doch alles besser war, und mehrere Stunden Fernsehen am Abend.

Für Andre Kaminski war schon vor dem Antritt seiner Ausbildung klar, dass er nach seiner Ausbildung nicht in seinem Lehrbetrieb bleiben wollte. Seine Chefs hätten ihn schon kurz nach dem Start der Ausbildung gerne behalten. Denn wieder zeichnete er sich durch seine Leistung aus. In der Berufsschule musste er erst einmal richtig daran arbeiten, um seinen Stand als Jahrgangsbester zu behalten. Doch er investierte gern seine Freizeit ins Lernen, mit dem festen Ziel vor Augen, sich selbst emporzuarbeiten. Parallel machte er sein Abitur an der Abendschule nach. Und als er endlich sowohl seinen Gesellenbrief als auch seine Hochschulreife in der Hand hielt, wagte er den Absprung und ging zum Ingenieursstudium an die Universität.

Die Uni war eine andere, völlig neue Welt für ihn und er zweifelte, ob er sich nicht doch übernommen hatte. Von zu Hause zog er in ein kleines Zimmer in einem Studentenwohnheim, das er dank des

BAföGs finanzieren konnte. Durch mehrere Jobs gelang es ihm, dass es nicht jeden Abend Nudeln mit Ketchup geben musste, bevor er sich dann allabendlich über seine Lehrbücher beugte. Das Geld steckte er in Bücher und Tutorien zur Nachhilfe. Denn vieles verstand er nicht. Vieles blieb ihm verborgen. Die höhere Mathematik verlangte ihm einiges ab. Die ersten Semester waren eine reine Katastrophe. Zwei wichtige Vorlesungen und die dazugehörenden Klausuren musste er sogar noch einmal wiederholen.

Doch er gab nicht auf. Er wollte es schaffen. Unbedingt. Von Woche zu Woche wurden die Inhalte des Studiums klarer. Er kämpfte sich zurück in die Regelstudienzeit und schloss die Lücken zwischen seinem Wissensstand und dem der anderen Studenten. Langsam wurden seine Noten in den Klausuren besser. Als er schließlich ins Hauptstudium eintrat, hatte er aufgeholt und sich auch an die Doppelbelastung aus Studium und Studentenjob gewöhnt. Im Hauptstudium wurden seine Professoren durch seinen Ehrgeiz und seine Zielstrebigkeit auf ihn aufmerksam. Nach kurzer Zeit wurde ihm eine Stelle als studentische Hilfskraft angeboten, die er nur zu gerne annahm. Auch wenn die Bezahlung noch schlechter war als bei seinen Nebenjobs. Doch konnte er dort kleine Forschungsaufträge für seinen Professor erledigen, lernte das wissenschaftliche Arbeiten noch von einer anderen Seite kennen, baute sich ein hilfreiches Netzwerk auf und fand sich in den Wissenschaftsbetrieb ein. Die Zeiten, in denen er sich mit den Grundlagen schwergetan hatte, kamen ihm unendlich weit weg vor. Inzwischen konnte er wieder seine gewohnte Position an der Spitze seines Jahrgangs einnehmen. Er veranstaltete Kolloquien, lernte unentwegt und entdeckte schließlich das Nischenthema »Brandschutz« als sein persönliches Steckenpferd.

Sein Studium schloss er mit Bestnoten ab. Doch damit sollte seine Zeit an der Uni nicht enden. Sein Professor, bei dem er seine Diplomarbeit schrieb, fragte, ob er das Thema nicht anschließend in einer Doktorarbeit vertiefen wollte. Andre Kaminski ergriff die Chance, publizierte neben der Erarbeitung seiner Promotion in den folgenden drei Jahren in wissenschaftlichen Zeitschriften und erwarb sich Schritt für Schritt den Ruf eines versierten Brandschutzexperten. Schließlich kam der große Tag, an dem er seine Doktorwürde verliehen bekam. Seine Eltern hatte er eingeladen und seine Mutter platzte fast vor Stolz, während sein Vater mit seinem osteuropäischen Akzent jedem erzählte, er habe schon immer gewusst, dass aus Andre einmal etwas ganz Besonderes werden würde.

Nach dem Doktortitel schien seine wissenschaftliche Karriere vorgezeichnet. Doch Andre Kaminski lehnte ab. Jetzt wollte er endlich Geld verdienen. Die langen Jahre von Studium und Entbehrungen sollten sich nun endlich auszahlen. Er hatte kein Problem, eine Stelle zu finden. Renommierte Unternehmen rissen sich um ihn. Und so startete er mit einem stattlichen Jahresgehalt in sein berufliches Leben. Endlich konnte er sich seine Wohnung danach aussuchen, wo er wohnen wollte, und nicht mehr danach, was er sich leisten konnte.

Eine Familie für das perfekte Glück

Bereits in seinem letzten Jahr an der Uni lernte er Maria kennen. Maria war eine exzellente Ingenieurin, bewunderte aber ebenso die Leistungen von Andre. Sie arbeiteten bei verschiedenen Projekten Hand in Hand, führten gemeinsam erfolgreiche Forschungsarbeiten durch und spielten sich im Büro die fachlichen Bälle bis spät in die Nacht gegenseitig zu. Mit der Zeit wurde es auch ohne wissenschaftliche Fachfragen und Projekte immer später und schließlich wechselten Maria und Andre gerne den Büroschreibtisch gegen den Tisch in einem kleinen romantischen Bistro ganz in der Nähe der Uni aus.

Sie unterstützten sich gegenseitig und sie verliebten sich ineinander. Und dann, nachdem Andre Kaminski sich in seinem neuen Job etabliert und ein einträgliches Einkommen hatte, fragte er Maria, ob sie seine Frau werden wolle.

Die Hochzeit fand an einem wunderschönen Tag im Mai mit mehr als 100 Gästen statt. Wieder einmal konnte Andre Kaminski seine Eltern mit seinem erreichten Lebensstandard beeindrucken.

So vergingen einige Jahre, in denen Andre als Angestellter die Karriereleiter emporstieg und Maria in der wissenschaftlichen Forschung

Akzente setzte. Allerdings war der Zauber, den die Wissenschaft für sie einmal hatte, nach dem Weggang von Andre verblasst. Daher war sie mehr als froh, als ihr eines Morgens schlecht war und sie den Grund dafür bereits ahnte. Ein Schwangerschaftstest brachte die Gewissheit. Für Andre war sein Glück perfekt, als knapp neun Monate später sein erster Sohn geboren wurde. Es sollten noch eine Tochter und ein weiterer Sohn folgen.

Maria ging in ihrer neuen Rolle als Mutter voll und ganz auf. Da sie die wissenschaftliche Forschung ohne Andre nicht mehr reizte, entschied sie kurzerhand, ganz zu Hause zu bleiben und sich auf die Familie zu konzentrieren. Andre war das mehr als recht – und so hatte er zu Hause ein echtes Heim, nach dem er sich als Kind bereits gesehnt hatte.

Zurück ins Risiko

Eines Tages kam Andre Kaminski an einen Punkt, an dem er sich fragte, wie es in seinem Leben weitergehen soll. Natürlich: Es war alles perfekt: Er hatte eine Frau, die er liebte, junge Kinder, die sein ganzer Stolz waren, und einen gut bezahlten Job in einer renommierten Firma. Doch irgendwie fehlte ihm etwas. Er hatte so viele eigene Ideen und Gedanken, die er gerne umsetzen wollte. Hinzu kam, dass er inzwischen vorzüglich vernetzt war. In ihm keimte die Idee, sich selbstständig zu machen. Und als aus der keimenden Idee schließlich ein kleines Pflänzchen geworden war, das kräftig zu wachsen versprach, redete er mit Maria darüber.

»Aber ich würde alles riskieren, was wir bislang aufgebaut haben«, sagte er, als er im Schlafzimmer stand, während sie ihren jüngsten Sohn stillte.

Maria blickte milde. »Wenn es das ist, was dich glücklich macht, solltest du es tun.«

Andre Kaminski stand da und rieb sich mit einer Hand den Nacken. »Ich habe Verantwortung …«, überlegte er laut. Er wusste nicht, was er hören wollte. Vielleicht wollte er, dass Maria ihm den Kopf wusch.

Dass sie ihm sagte, es seien Hirngespinste und er solle sich auf seine Rolle als Ernährer der Familie besinnen. Doch das tat sie nicht. Im Gegenteil: Sie sprach das aus, was der eigentliche Grund für sein Zögern war: »Du hast Angst, dass es schiefgeht.«

Es blieb eine Weile still in dem Raum.

Andre blickte Maria an, Maria blickte zurück.

»Ja, genau«, sagte er, überrascht von der Erkenntnis.

Maria legte das Kind zurück in die Wiege und nahm Andre liebevoll in den Arm.

»Du hast so viel erreicht in deinem Leben«, sagte sie nach einer Weile. »Du bist der zielstrebigste Mensch, den ich kenne. Wieso sollte gerade dieses Abenteuer jetzt nicht klappen?«

Andre räusperte sich: »Und wenn …«

Maria schnitt ihm das Wort ab: »Und wenn es wirklich nicht klappt, nimmst du wieder einen festen Job an und wir leben weiter wie bisher.«

Marias Vertrauen gab den Ausschlag: Andre Kaminski machte sich daran, seinen Ausstieg bei seinem Arbeitgeber und sein eigenes Ingenieurbüro vorzubereiten. Als der Tag kam, an dem er nach seiner Kündigung zum letzten Mal an seinem Schreibtisch saß, hatte er ein mulmiges Gefühl. Denn von nun an würde sein regelmäßiges Einkommen wegfallen. An dessen Stelle traten Büroräume, die er zahlen musste, und eine ungewisse Zahl neuer Kunden. Doch er hatte sich zu diesem Schritt entschlossen, Rücklagen für die Übergangszeit gebildet und so zog er diesen Schritt dann auch durch. Seine Chefs bedauerten seinen Weggang, waren aber freundlich.

»Ja, jemanden wie Sie kann man nicht fesseln«, sagte Herr Sanowski, sein Bereichsleiter und einer seiner größten Förderer, seit er bei der Firma angefangen hat. »Ich wünsche Ihnen alles Gute und uns, dass Sie uns noch ein paar Kunden übriglassen.« Er lachte freundlich.

Andre lachte auch.

Sie stießen mit einem Glas Sekt an.

Nach rund zwei Stunden brach Andre Kaminski dann schließlich von seinem Ausstand in eine ungewisse, aber dennoch vielversprechende Zukunft auf.

Die ersten paar Tage blieb das Telefon still und machte Andre Kaminski nervös. Er hatte all seine alten Kunden unter der Hand wissen lassen, dass er den Schritt in die Selbstständigkeit wagen werde. Doch ob das ausreichen würde, dass jemand mit ihm käme?

In der zweiten Woche seiner Selbstständigkeit kam dann der erlösende erste Anruf.

Ob er schon startbereit sei?

Man wisse ja nicht, wie lange er sich eine Auszeit nehmen wollte?

Gar keine?

Wunderbar! Denn es gäbe viel zu tun.

Von diesem Moment an kam alles ins Rollen. Aufträge kamen fast täglich rein. Eine Brandschutzplanung nach der nächsten wurde verlangt und die Projekte, die Andre Kaminski betreuen sollte, wurden immer komplexer, größer und finanziell einträglicher.

Bald schon konnte er die Arbeit allein nicht mehr bewältigen und musste einen ersten Mitarbeiter einstellen. Seine guten Kontakte zu seinen ehemaligen Professoren zahlten sich dabei aus. Er fand eine fähige, wissbegierige junge Ingenieurin, der Überstunden genauso wenig ausmachten, wie sie ihm seinerzeit etwas ausgemacht hatten. Es folgten eine Bürokraft und ein weiterer Ingenieur. Und nach nur einem Jahr konnte er bereits auf einen zehnköpfigen Mitarbeiterstab blicken.

Das kleine eigenständige Ingenieurbüro Kaminski wurde zu einer der ersten Adressen für Brandschutzkonzepte. Andre Kaminski hatte den Ruf, selbst für die kompliziertesten Anforderungen die effektivsten Lösungen zu finden. Diese Fähigkeit ließ er sich gut bezahlen. Aus dem Büro wurde eine GmbH, aus Andre Kaminski mehr und mehr ein Unternehmer, der nun im Monat das verdiente, womit er als Student mehrere Jahre ausgekommen war.

Andre Kaminski vergaß nicht, wo er herkam. Aber er wollte für sein Leben etwas gänzlich anderes. Er kaufte ein Grundstück in bester Lage und ließ dort sein Haus errichten. Abgeschieden. Herrschaftlich. Eine Oase. Und eine Belohnung für all die Jahre harter Arbeit.

Das schwarze Schaf

Das alles ging Andre Kaminski durch den Kopf, als er an diesem Tag von seinem Ausflug in die alte Heimat nach Hause kam und in der Eingangshalle seines Hauses stand. Er ging weiter in den Wohnbereich. An der Treppe zum Obergeschoss fiel ihm ein schmutziger Rucksack in die Augen. Patrick war also da. Andre verdrehte die Augen und schritt weiter. In der Küche fand er Maria.

»Wo ist er?«, fragte er.

»Oben in seinem Zimmer«, antwortete Maria.

»Was macht er?«, fragte er.

»Dasselbe wie immer.«

»Also nichts.«

»Sei nicht so streng mit ihm.«

Andre Kaminski grunzte etwas Unverständliches und ging zu seiner geschätzten Siebträgermaschine und gönnte sich einen frischen Espresso.

Er liebte seine Kinder, keine Frage, doch sein ältester Sohn machte ihm derzeit Sorgen. In ihm hatte er eigentlich seinen Nachfolger gesehen. Er hatte ihn in der besten Uni eingeschrieben. Patrick hätte all die schweren Zeiten, die sein Vater durchmachen musste, nicht durchmachen müssen. Er hätte sich voll und ganz aufs Studium konzentrieren können. Doch keine zwei Semester hatte es gedauert und Patrick hatte sein Studium abgebrochen. Seither tat er – naja: nichts. Das heißt: Andre Kaminski wusste nicht, was er tat. Er hing manchmal nur im Zimmer rum. Und wenn er rausging, hing er mit irgendwelchen Leuten ab. Wieso sein Rucksack so schmutzig war, konnte sich Andre Kaminski nicht erklären. Er wollte es auch gar nicht wirklich wissen.

Seine Frau sagte, er sei zu streng mit ihm. Patrick habe eigene Pläne für sein Leben.

Doch welche?

Darauf konnte sie ihm bislang keine Antwort geben. Wenn er wenigstens irgendetwas gemacht hätte – damit hätte er sich sicherlich arrangieren können, früher oder später. Doch so ruhte Patrick sich auf dem aus, was er – Andre Kaminski – geschaffen hatte, und wiegte sich in Sicherheit, dass es immer so weitergehen würde.

Seine anderen beiden Kinder waren anders. Seine Tochter studierte Medizin und träumte davon, einmal eine eigene Praxis zu führen. Ein Wunsch, bei dem Andre Kaminski ihr nur zu gern behilflich sein wollte, wenn es soweit sein würde.

Sein jüngster Sohn studierte ebenfalls: BWL. Er war gerade in einem Auslandspraktikum in einer renommierten, global agierenden Firma. Vielleicht, so überlegte Andre Kaminski manchmal, könnte er auch das Geschäft weiterführen, wenn er sich einmal zur Ruhe setzen sollte. Schon lange hatte Andre Kaminski seine Hauptaufgabe nicht mehr in der Planung von Brandschutzkonzepten. Diese Arbeiten erledigten seine Angestellten für ihn. Seine Aufgabe war mehr und mehr die Vermarktung der Leistungen. Und dafür würde auch ein betriebswirtschaftliches Studium ideale Grundlagen bieten.

Andre Kaminski nippte an seinem doppelten Espresso. Das brachte nicht die gewünschte Entspannung.

Er fasste zusammen: Er hatte zwei Kinder, die er jetzt unterstützen wollte, und eines, dem er die Unterstützung aus »pädagogischen Gründen« verweigern wollte. Es bereitete ihm Unbehagen, dass er ein großes Vermögen angesammelt hatte und es an dem Tag, an dem er einmal nicht mehr sein sollte, zu gleichen Teilen an diese drei Personen gehen sollte. Sicher – zunächst wäre seine Frau die Erbin, aber irgendwann würden es halt seine Kinder sein. Und er fand, dieses Erbe müsse man sich verdienen. Das tat Patrick nicht.

Der Streit

Wahrscheinlich hätte Andre Kaminski es alles beim aktuellen Stand der Dinge belassen.

Wahrscheinlich hätte er sich irgendwann mit der Situation abgefunden und sie als unausweichlich akzeptiert.

Wahrscheinlich hätte er sich noch ein paar Mal geärgert, wäre aber nicht in irgendeiner Weise aktiv geworden.

Wenn – ja, wenn – er an diesem Tag nicht in das Zimmer von Patrick gegangen wäre.

Er hatte mit ihm reden wollen. Einen weiteren Versuch unternehmen, ihn zu überzeugen, weiter zu studieren oder zumindest irgendetwas Sinnvolles mit seinem Leben anzustellen. Doch dazu sollte es nicht kommen.

Nachdem Andre Kaminski seine Espresso-Tasse geleert hatte, stieg er die Treppe ins Obergeschoss hinauf. Patricks Zimmer befand sich am Ende des Flures. Es war das größte der drei Kinderzimmer, allerdings waren alle Zimmer großzügig geschnitten und selbstverständlich erstklassig eingerichtet.

Andre Kaminski verzichtete heute darauf, anzuklopfen. Sein Ärger bestimmte sein Handeln und seine Gedanken: »Es ist immerhin mein Haus. Ich habe es bezahlt. Mein Haus, meine Regeln.« Das Zimmer lag im Halbdunkeln. Die Jalousien waren heruntergelassen und auf blickdicht gestellt, die Rollos allerdings oben. Im Dämmerlicht entdeckte Andre Kaminski Patrick nicht direkt. Das ruhige Atmen verriet ihm, dass er wohl schlafen musste. Als seine Augen sich an das Halbdunkel gewöhnt hatten, waren die Umrisse unter der Bettdecke deutlich erkennbar. Andre Kaminski trat ein. Mit langsamen Schritten ging er auf das Bett seines Sohnes zu.

Genug geschlafen, dachte er sich. Immerhin gab es Wichtiges zu besprechen.

Plötzlich trat er auf etwas, das knackend zerbrach. Und als er sich bückte und es aufhob, hielt er etwas in Händen, das er nur aus Filmen kannte. Es war ein Gegenstand aus Glas, das entfernt an eine Pfeife erinnerte. Andre Kaminski führte den Gegenstand an die Nase und zuckte zurück. Wie toxische Substanzen rochen, wusste er aus der Gegend, in der er aufgewachsen war.

Mit wenigen Schritten war Andre Kaminski am Bett seines Sohnes. Er packte ihn am Schlafanzug und zog ihn nach oben. Patrick kam halb zum Sitzen. Andre schüttelte ihn.

»Was fällt dir ein!«, schrie Andre Kaminski Patrick ins Gesicht.

Der wusste ganz offensichtlich noch nicht so richtig, wie ihm geschah. Ärgerlich öffnete er seine Augen. »Wa- Waas?«, stammelte er.

Aber Andre Kaminski ließ nicht locker. Er konnte nicht erkennen, ob Patrick ihn durch seinen benebelten Blick überhaupt wahrnahm. Es war ihm aber auch egal.

»Was fällt dir ein?«, schrie er noch einmal und zerrte seinen Sohn aus dem Bett heraus. Der landete unsanft auf der Erde. Andre Kaminski ging ein paar Schritte zurück, hob die kaputte Pfeife auf und hielt sie Patrick direkt vor die Nase.

»Was fällt dir ein?«, sagte er noch einmal. Dieses Mal leiser, aber auch deutlich drohender.

Patrick besann sich langsam, hatte aber nichts zu sagen.

Andre Kaminski schäumte vor Zorn.

Er ging zum Kleiderschrank und warf ein Kleidungsstück nach dem anderen auf seinen Sohn. »Bis heute Abend bist du von hier verschwunden«, sagte er kalt und verließ das Zimmer.

Eine Entscheidung fällt

An diesem Abend saß Andre Kaminski noch lange vorm Kamin. Er blickte in die Flammen und nippte an seinem dritten Cognac. Doch der Alkohol konnte ihm heute nichts anhaben. Er war hellwach und seine Gedanken rasten. Sie rasten immer nur um das eine Thema, seinen Streit mit Patrick – wenn man es überhaupt so nennen konnte.

Patrick hatte vor einigen Stunden das Haus verlassen. Kaum mehr als zwei gepackte Sporttaschen dabei. Allen Beschwichtigungsversuchen seiner Frau zum Trotz hatte Andre Kaminski Patrick des Hauses verwiesen. Mit dem Thema »Drogen« war er einen entscheidenden Schritt zu weit gegangen. Für Andre war damit eine rote Linie überschritten worden – er wusste sich nicht mehr anders zu helfen, als seinen eigenen Sohn aus dem Haus der Familie hinauszuwerfen. All die Hoffnung, dass Patrick nur etwas Zeit bräuchte, um auf den richtigen Weg zurückzufinden. All die Geduld, die er mit ihm gehabt hatte. All die finanzielle Unterstützung der letzten Jahre, die er ihm gewährt hatte. Es hatte nichts gebracht. Es machte Andre traurig, doch konnte er nicht aus seiner Haut: Jemanden, der Drogen konsumiert, duldete er nicht unter seinem Dach. So jemanden wollte er generell nicht in seiner Familie haben.

Das Dumme war nur, dass er das nicht selbst zu entscheiden hatte. Patrick war sein Sohn. Daran ließ sich nichts ändern. Und wenn es soweit war und Andre Kaminski einmal sterben würde, dann wäre Patrick der lachende Dritte. Denn auch wenn Andre Kaminski entscheiden würde, ihn zu enterben, so hätte Patrick doch am Ende das Recht auf seinen Pflichtteil. Und der war in diesem Fall alles andere als unbedeutend.

Andre Kaminski gönnte es seinem Sohn nicht und er hatte jetzt verstanden, dass ihm das Geld höchstwahrscheinlich sogar schaden würde.

Nicht nur, dass er das Studium geschmissen hatte. Mit den Drogen hatte Patrick aus Andres Sicht endgültig seinen Weg auf die schiefe Bahn markiert. Es müsste doch eine Gelegenheit geben, dass er – Andre Kaminski, der Mann, der in seinem Leben bislang alles geschafft hatte – selbst darüber bestimmen konnte, was mit seinem Nachlass geschehen sollte.

Die Stunden verflossen zäh wie Honig. Doch zu einem Ergebnis kam er nicht. Das Problem blieb bestehen. Und am Ende würde er zusehen müssen, wie ein Teil seines selbst aufgebauten Vermögens seinem Sohn schaden und für Drogen ausgegeben werden würde. Das war die traurige und bittere Erkenntnis, die bei Andre Kaminski übrigblieb, als das Feuer heruntergebrannt war.

Ein guter Rat in der Sauna

Am nächsten Morgen war Andre Kaminski miserabler Laune. Beim Frühstück blieb er einsilbig. Seine Frau hatte im extra Rührei und Speck gemacht. Ein Essen, das sie öfter nutzte, um seine trübe Stimmung aufzuhellen – auch wenn sie wusste, dass es weder seinem Gewicht noch seinen Blutwerten zuträglich war. Sie kannte ihn gut, doch heute sollte es nichts nutzen. Er stellte sich darauf ein, dass es noch viele Versuche ihrerseits geben würde, die Wogen zu glätten, um die aus ihrer Sicht übertriebene Maßnahme des Rauswurfs rückgängig zu machen. Und er ging davon aus, dass sie sich gestern noch darum gekümmert hatte, dass Patrick nicht auf der Straße hatte übernachten müssen. Wahrscheinlich hatte sie irgendeinen Verwandten angerufen. Oder sie hatte ein Hotel gebucht. Das beruhigte ihn, denn am Ende wollte er seinen Sohn auch nicht zu einem Obdachlosen machen. Er wusste ja selbst nicht, was sein Sohn jetzt brauchte. Vielleicht ein paar Tage Unsicherheit, außerhalb des »goldenen« Heims?

Doch all das änderte nicht das Grundproblem.

Im Büro zwang er sich immerhin ein knappes »Guten Morgen« ab. Seine Sekretärin las daraus ab, in welcher Stimmung ihr Chef war. Sie kannte ihn nun bereits seit mehr als 15 Jahren und sie war für ihn ein echter Goldschatz. So war es letztlich auch ihr zu verdanken, dass sie an diesem Tag die kritischen Telefonate abblockte und somit verhinderte, dass er in einen größeren Dissens mit seinen Kunden trat. Dass das Telefon nicht schellte, brachte Andre Kaminski weiter ins Grübeln. Und so sehr er auch alle Facetten durchdachte, so sehr wollte er auch nicht aus seiner trüben Stimmung herausfinden. Denn immerhin war ihm klar, dass er eine wirkliche Lösung, die ihn voll und ganz befriedigte, nicht finden würde.

Der einzige Lichtblick zeigte sich, als die Uhrzeiger unaufhörlich und immer stärker zum Feierabend drängten. Denn heute Abend war sein Saunaabend. Und in der Sauna hatte Andre Kaminski schon so manche harte mentale Nuss geknackt. Er machte sich also auf den Weg, warf seiner Sekretärin ein knappes »bis Morgen« zu. Und die war ihrerseits froh, dass sie nicht stärker in die Aufmerksamkeit ihres Chefs rückte. Kurz darauf saß er im Auto und machte sich auf den Weg zu dem Gesundheitszentrum mit angeschlossener Saunalandschaft, zu dem er schon seit geraumer Zeit fuhr.

Es war schon erstaunlich: Die Sauna war eigentlich ein Ort der Intimität, an dem er zwar nackt, aber dennoch in einer anderen Welt war. Trotzdem hatten sich in den Jahren Freundschaften entwickelt. Andere Saunagänger, die er jede Woche wiedertraf und die von sich selbst erzählten und sich für das Leben von Andre Kaminski interessierten. Er wäre nie auf die Idee gekommen, sie in irgendeiner Weise anderweitig einzuladen. Aber er mochte es, hier in diesem geschützten Umfeld weder unbekannt noch einsam zu sein.

Andre Kaminski ging sehr gerne ins Dampfbad. Er liebte die Nebelschwaden, die ihm mehr Privatsphäre gönnten als die trockene Luft der finnischen Sauna. Hier wollte er sich auch heute entspannen und mit seinen Gedanken allein sein. Als er an diesem Abend das Dampfbad betrat, merkte er, dass er fast allein war. Außer ihm war nur eine weitere Person anwesend. Andre konnte sie aufgrund der Nebelschwaden kaum erkennen. Als er sich setzte, die Augen schloss und sich zurücklehnte, hörte er eine Stimme durch den Nebel.

»Ah, Andre, wie geht es dir?«

Andre Kaminski öffnete die Augen wieder und blinzelte ein paar Mal. Selbstverständlich hatte er die Stimme direkt erkannt und wusste genau, wer ihn angesprochen hatte.

»Es geht so, Mustafa«, sagte er knapp.

Mustafa war Türke, Vater einer Großfamilie und nahm sich regelmäßig an einem Abend in der Woche eine Auszeit in der Sauna. Dabei war er allerdings ein ausgesprochener Familienmensch und setzte alles auf Familie, Freundschaft und Bekannte.

»Was ist denn los?«, fragte er. Es klang aufrichtig.

Andre Kaminski konnte sich hinterher nicht mehr erklären, wieso er handelte, wie er es nun tat. Es war eigentlich nicht seine Art, über seine Privatangelegenheiten zu reden. Und all die Jahre hatte er es auch dabei belassen. Doch heute – er wusste auch nicht wieso – war es anders. Vielleicht war es, weil er mit Mustafa allein war. Vielleicht war es auch nur, weil die Probleme, die er heute hatte, ihn mehr umtrieben als die normalen Alltagsprobleme. Auf jeden Fall entschloss er sich, Mustafa ins Vertrauen zu ziehen.

»Ich habe einen Sohn«, fing er an. »Und ich bin sehr enttäuscht von ihm.«

Und so erzählte er. Er erzählte davon, welch große Hoffnungen er in Patrick gesetzt hatte. Dass er seinen Nachfolger in ihm gesehen hatte. Dass er wollte, dass er einmal sein Geschäft übernehmen würde. Gut: Er hatte ihn vielleicht zu der Entscheidung des Studienfachs gedrängt. Aber war das schlimm? Seine Eltern hatten ihn nie zu etwas gedrängt.

Und wäre er diesem Rat gefolgt, dann hätte er sicherlich nicht das erreicht, was er bis heute erreicht hatte. Es ist doch nichts Schlechtes daran, einen kleinen Stups in die richtige Richtung zu geben!

Doch dann erzählte er auch davon, wie alles schiefgelaufen war. Erst bemerkte er, wie sein Sohn überhaupt kein Interesse mehr hatte – weder an den Themen des Studiums noch an irgendetwas Sinnvollem. Er erzählte davon, wie der Tag kam, an dem Patrick ihm mitteilte, nicht mehr weiter studieren und nicht mehr zur Uni gehen zu wollen. Und er endete mit dem gestrigen Tag, als er Drogen bei seinem Sohn fand.

»Oh, Andre, das ist schlimm …«, sagte Mustafa.

Andre Kaminski war ihm für diese Worte in diesem Augenblick unendlich dankbar, denn er merkte, dass hier endlich jemand war, der ihn verstand.

»Aber dennoch ist Patrick deine Familie, das darfst du nie vergessen.«

Dieser Satz von Mustafa gefiel Andre Kaminski deutlich weniger.

»Er hat es nicht verdient, von dem zu profitieren, was ich mir mühsam aufgebaut habe«, presste er hervor.

Mustafa atmete einmal durch. »Wenn ich dir einen Rat geben darf«, fing er an, wobei sein Tonfall keinen Zweifel daran ließ, dass der Rat so oder so folgen würde. »Lass Zeit vergehen. Zeit lässt dich die Dinge anders sehen. Und dann findest du am Ende ganz andere Perspektiven. Kinder machen Sorgen. Aber man muss seinen Kindern auch verzeihen können. Denn sie sind deine Kinder.«

Andre Kaminski dachte nach. Doch es befriedigte ihn nicht. »Keiner von uns weiß, wie viel Zeit er noch hat«, gab er zurück. Und nach einer weiteren Pause, die man gut als eingeschnappt hätte deuten können, fügte er hinzu: »Ich möchte nicht, dass Patrick dasselbe erhält wie Monika und Marius.«

Mustafa lachte auf. »Wer sagt denn, dass das eine das andere ausschließt?«

Andre Kaminski verstand nicht, doch seine Neugier war geweckt. »Wie meinst du das?«, fragte er.

»Sieh einmal: Bei uns ist das so«, fing Mustafa an zu erzählen. »Die Männer kümmern sich um die Familie. Sie haben Sorgen und Nöte, müssen die Kinder durchbringen, müssen die Ernährer sein. Die Frauen müssen sich, sofern sie auf sich allein gestellt sind, lediglich um sich alleine kümmern. Nehmen wir an, dass ich nun sterben würde – Allah möge das verhindern. Dann würden meine Söhne mehr erben als meine Töchter, damit sie ihre Aufgaben erfüllen können.«

Andre Kaminski lachte bitter auf. »Das wirst du nach dem deutschen Erbrecht wohl kaum verhindern können«, sagte er trocken.

Nun war es Mustafa, der lachte. »Es gibt nicht nur das deutsche Erbrecht, Andre«, sagte er. »Es gibt auch das deutsche Stiftungsrecht.«

Andre verstand nicht. »Was meinst du denn damit?«

Mustafa atmete einmal tief durch. Dem Dampfbad war Eukalyptus beigemischt. »Andre«, sagte Mustafa. »Ich denke, ich bin genauso wie du. Ich habe mein Leben lang hart gearbeitet. Ich habe mir selbst etwas aufgebaut. Und ich habe es geschafft, mir so viel Vermögen aufzubauen, dass ich meiner Familie so einiges hinterlassen kann. Und genauso wie du habe ich mir eines Tages die Frage gestellt: ›Wie kann ich es schaffen, dass mein Nachlass in meinem Sinne aufgeteilt wird?‹«

Andre Kaminski beugte sich vor. Das klang genau nach dem Problem, vor dem er jetzt stand.

Mustafa erzählte weiter. »Ich ging mit dem Gedanken umher, tagein und tagaus. Und ich kam zu keiner Lösung. Doch dann erzählte mir ein guter Freund in einem Café neben der Moschee von der Lösung, die er gefunden hatte. Wir tranken zusammen einen Tee und er sagte mir, dass er sein gesamtes Vermögen in eine Stiftung eingebracht hatte.«

Andre Kaminski wollte ansetzen, doch Mustafa bedeutete ihm mit einer Handbewegung zu schweigen.

»Ich weiß, was du jetzt sagen willst, und ich habe es auch gesagt. Aber es geht nicht um eine Stiftung, die der Allgemeinheit nützt. Es geht um eine Stiftung, die deiner Familie nützt. Eine Stiftung muss keinen gemeinnützigen Zweck erfüllen. Sie kann auch einem privaten Zweck dienen.«

Andre Kaminski schwieg. Das war in der Tat der Punkt gewesen, den er hatte einbringen wollen.

»Es ist ganz einfach«, redete Mustafa weiter. »Du bringst ein Vermögen in die Stiftung ein und kannst darüber bestimmen. Das Stiftungsvermögen muss nur ausreichende Erträge bringen. Wem diese zugutekommen, bestimmst du selbst. Über die Satzung wirst du dich dann ja entsprechend fest in den Sattel gesetzt haben. So ist bei mir alles geregelt. Ich habe genau festgelegt, wer welche Zuwendung bekommt, wenn ich einmal nicht mehr da sein sollte. Mein ganzes Vermögen habe ich in meine Stiftung eingebracht, die mir und meiner Frau den Lebensunterhalt sichert und das Geld für meine Kinder bewahrt. Mein erstes Kind ist ein Mädchen und ich liebe es sehr. Doch trotzdem bekommt mein Zweitgeborener jetzt einen größeren Teil. Und für alle wird das so in Ordnung sein.«

Die Tür öffnete sich und ein weiterer Saunagast betrat das Dampfbad.

»Für mich ist es genug für heute«, sagte Mustafa und machte sich daran, hinauszugehen. »Bis nächste Woche dann.«

Andre Kaminski blieb in dem Dampfbad sitzen. Nur allzu gern hätte er weitere Fragen gestellt, die ihm regelrecht auf der Seele brannten. Doch Mustafa war fort. Wenn er der weitere Ratgeber sein sollte, musste das alles noch eine Woche warten. So wirklich störte es Kaminski nicht. Denn er hatte einen neuen Gedanken, der ihn beseelte.

»Eine Stiftung«, murmelte er. »Könnte das die Lösung all meiner Probleme sein?«

»Was meinen Sie?«, fragte der andere Badegast.

»Ach nichts«, sagte Kaminski und beeilte sich, ebenfalls das Dampfbad zu verlassen.

Ein glücklicher Zufall

Der Gedanke mit der Stiftung ließ ihn nicht mehr los. Schon als Andre Kaminski ins Bett gegangen war, war es sein letzter Gedanke gewesen. Und am Morgen, als der Wecker schellte, war es sein erster. Maria bemerkte seine gute Laune, die er auch ohne ihre Rühreier mit Speck hatte. Sie wollte aber auch nicht zu genau nachfragen. Zu froh war sie, dass ihr Mann aus seinem Stimmungstief gefunden hatte. Vielleicht –

so war ihre stille Hoffnung – würde sich auf diese Weise auch diese unselige Sache mit ihrem ältesten Sohn wieder klären.

»Einen schönen Tag. Ich liebe dich!« Andre Kaminski gab seiner Frau einen Kuss auf die Wange. Sie war erstaunt, aber nicht negativ überrascht. Nur konnte sie sich nicht so recht erklären, was diesen besonderen Stimmungsumschwung bei ihrem Mann hervorgerufen hatte.

»Wie finde ich mehr zu diesem Stiftungsthema heraus?«, ging es Kaminski durch den Kopf, als er in seinem Wagen saß und zu seiner Arbeit fuhr. Wenn Mustafa das ganze Thema bereits für sich hatte durchdeklinieren können, konnte es doch wohl kein größeres Geheimnis sein.

Er bog in die nächste Straße ein. Die Autobahn wäre sicherlich schneller gewesen, obwohl es nur ein kurzes Stück zu fahren war. Doch die Fahrbahnoberfläche wurde erneuert und so staute sich der Verkehr immer. Gerade mal eine von ehemals drei Fahrspuren hatte die Autobahnmeisterei übriggelassen. Das hielt die Stadt allerdings nicht davon ab, überall weitere Baustellen zu errichten, und so war die Fahrt zur Arbeit für Andre Kaminski in den vergangenen Wochen und Monaten zu einer regelrechten Tortur geworden. Mit Verdruss sah er, dass einige Meter vor ihm die nächste Baustellenampel auf Rot sprang.

Er fluchte. Denn gleich hatte er einen wichtigen Telefontermin und wollte sich gerade heute nicht verspäten. Genervt blickte er umher, bis sein Blick eher zufällig an der Beschriftung des Autos vor ihm hängen blieb.

»Ihr Stiftungsberater« stand da in großen grünen Lettern. Darunter eine Telefonnummer und eine Internetadresse.

Plötzlich hoffte Andre Kaminski, dass die Ampel noch möglichst lange auf Rot bleiben würde. Er beugte sich auf den Beifahrersitz hinüber und kramte hektisch im Handschuhfach. Schließlich fand er, was er suchte: einen kleinen Notizblock und einen Kugelschreiber. Er richtete sich auf und begann hektisch die Ziffern der Telefonnummer aufzuschreiben, die auf dem Wagen vor ihm zu lesen waren. »Stiftungsberater« stand darüber. Sicherlich war Andre Kaminski kein Mann, der an Schicksal glaubte. Für ihn konnte jeder mit harter Arbeit alles erreichen. Aber an diesem Tag hätte er an dieser Grundeinstellung zweifeln können.

Gut beraten zur Familienstiftung

Gerade noch rechtzeitig kam Andre Kaminski ins Büro. Seine Sekretärin stellte direkt die Verbindung zu seinem Kunden her. Doch Kaminski hatte keine Ruhe, sich richtig auf das Gespräch einzulassen, und versuchte es so kurz wie möglich zu halten. Nachdem er endlich aufgelegt hatte, nahm er den Telefonhörer wieder auf und wählte die notierte Nummer. Ein Termin war schnell gemacht. Seiner Sekretärin war seine deutlich bessere Laune aufgefallen. Sie freute sich darüber und unterließ es, ihn danach zu fragen. Sie wollte ja keine vielleicht gerade wieder eingeschlafenen Hunde wecken.

Nun saß Andre Kaminski in einem bequemen Ledersessel in der Stiftungsberatung, die nur wenige Straßen von seinem eigenen Büro entfernt lag. Die hölzerne Bürotür ging auf und der Stiftungsberater kam heraus.

»Herr Kaminski, nehme ich an«, sagte er und streckte Andre Kaminski die Hand entgegen.

»Ganz recht«, erwiderte Kaminski, stand auf und nahm die ausgestreckte Hand an. »Es freut mich, dass es so schnell geklappt hat.«

»Kein Problem. Wir sind immer zur Stelle.«

Andre Kaminski wurde in ein helles und großes Büro geführt Hier nahm er gemeinsam mit dem Stiftungsberater in einer Ecke Platz, in der eine kleine Sitzgruppe stand. Die Sekretärin brachte Kaffee und Kekse, es entstand eine angenehme Atmosphäre.

»Erzählen Sie mir ein bisschen von sich. Am Telefon sagten Sie, dass Sie sich für die Gründung einer Stiftung interessieren. Welches Ziel verfolgen Sie dabei?«, forderte der Stiftungsberater Andre Kaminski auf.

Kaminski erzählte, schilderte seine Sorgen, aber auch sein Bedürfnis, seinen jüngeren Kindern beim Start ihrer Karrieren zu helfen. Er erzählte davon, dass er schon überlegt hatte, seinen Sohn zu enterben. In dem jetzigen Stadium würde er ihm nicht einmal den Pflichtteil zubilligen wollen. Ihm wäre klar, dass das nicht ginge. Auf jeden Fall habe ihm dann ein Bekannter von der Möglichkeit erzählt, die Erbfolge mit einer Stiftung selbst zu bestimmen. Da sei er neugierig geworden. Und wie ein Wink des Schicksals habe er dann die Telefonnummer auf dem Wagen gesehen.

»Na, da zeigt sich doch, dass diese Art von Werbung doch nicht nur rausgeschmissenes Geld ist«, lachte der Stiftungsberater und wurde danach direkt wieder ernst: »Ich denke, Ihr Bekannter hat Recht. Eine Stiftung wird die Ziele, die Sie verfolgen, in jedem Fall erreichen können.«

Andre Kaminski blickte aufmerksam.

»Es gibt grundlegend die Möglichkeit einer selbstständigen und einer nicht-selbstständigen Stiftung. Sie bringen als Stifter ein Vermögen ein, dessen Erträge der Zweckerfüllung dienen. Bei der nicht-selbstständigen Stiftung übernimmt ein Treuhänder die Vermögensverwaltung. Diese Aufgabe können beispielsweise auch wir übernehmen. Die selbstständige Stiftung handelt als eigenständige Rechtsperson. Hier wird in der Regel ein Vorstand berufen, der die Verwaltung des Vermögens übernimmt. Es sind auch noch weitere Gremien und Positionen möglich. Beispielsweise die eines Geschäftsführers.«

»Ich denke, ich würde eine selbstständige Stiftung gründen wollen. Dann behalte ich alles im Griff«, überlegte Kaminski.

Der Stiftungsberater winkte ab: »Diese Entscheidung müssen wir an dieser Stelle noch gar nicht treffen. Das wird erst Teil der genaueren Ausarbeitung sein.«

Andre Kaminski war beruhigt. Das gefiel ihm. »Wie viel Vermögen muss ich denn in die Stiftung einbringen?«

Der Stiftungsberater lehnte sich zurück. »Das kommt drauf an. Grundsätzlich gibt es keine genau vorgegebene Summe. Das Vermögen muss lediglich so groß sein, dass damit der Stiftungszweck erfüllt werden kann. Das wird von der Stiftungsaufsicht geprüft, sobald wir die Stiftung anmelden wollen. Zu bedenken ist, dass lediglich der Ertrag aus dem Vermögen für den Stiftungszweck eingesetzt werden darf. Das Stiftungsvermögen muss unangetastet bleiben. In der detaillierteren Planung werden wir uns die Zwecke, die die Stiftung erfüllen soll, noch sehr genau anschauen und das Vermögen entsprechend wählen. Dabei ist es am sinnvollsten, wenn das Vermögen auch innerhalb der Stiftung noch wächst. Denn dieses zusätzliche Vermögen, das dabei entsteht, gehört nicht zum Stiftungsvermögen und kann voll und ganz für den Zweck eingesetzt werden.«

»Das Stiftungsvermögen«, überlegte Andre Kaminski, »gehört das dann immer noch mir?«

»Nein. Das Stiftungsvermögen ist ein verselbstständigtes Vermögen. Es gehört der Stiftung und dient der Zweckerfüllung«, erklärte der Stiftungsberater.

»Aber wie kann ich sicher sein, dass es langfristig in meinem Sinne verwendet wird?«

»Das legen wir über die Stiftungssatzung fest«, erläutert der Stiftungsberater. »Sie ist sozusagen das Grundgesetz der Stiftung. In ihr wird näher dargelegt, in welcher Weise der Stiftungszweck erfüllt werden kann. Außerdem sind hier die Organe beschrieben, die die Stiftung haben soll.«

»Ich will natürlich das Sagen behalten«, sagte Andre Kaminski.

»Auch das lässt sich in der Satzung regeln. Denkbar ist beispielsweise, dass der Vorstand immer aus der Familie stammen muss – oder dass der Vorstand den geeigneten Nachfolger wählt. Die andere Möglichkeit ist selbstverständlich eine Treuhandstiftung. In diesem Fall wacht der Treuhänder darüber, dass der Stiftungszweck strikt eingehalten wird, selbst wenn Sie – ohne jetzt morbide klingen zu wollen – eines Tages nicht mehr sind.«

»Verstehe«, sagte Andre Kaminski und lehnte sich zurück. Der Gedanke hatte seinen Charme. Und die Stiftung an sich wurde für ihn immer greifbarer. Das Vorgespräch dauerte rund eineinhalb Stunden und an seinem Ende war klar, dass Andre Kaminski eine Stiftung gründen würde.

Vom privaten zum dienenden Vermögen

In den kommenden Wochen nahm die Stiftung immer weiter Form an. Die Stiftungssatzung wurde bis ins kleinste Detail ausgearbeitet und abgestimmt.

»Ich dachte eigentlich, das wäre nur eine Formalität«, sagte Andre Kaminski bei einem der zahlreichen Termine, die ihn in das Büro des Stiftungsberaters führten. »Aber ich habe fast das Gefühl, dass der Aufwand dem einer meiner komplizierteren Brandschutzplanungen entspricht.«

Der Stiftungsberater lachte. »Das lässt sich vielleicht sogar ganz gut vergleichen«, sagte er. »Die Stiftungssatzung ist das Gesetz der Stiftung. Nachdem die Satzung von der Stiftungsbehörde anerkannt wurde, lässt sie sich nicht mehr ändern. Und wir wollen doch später keinen ›Brand‹ haben, weil wir nicht gründlich genug bei der Ausarbeitung waren.«

»Aber die Satzung wird sich doch später noch anpassen lassen«, meinte Andre Kaminski. »So viel Flexibilität muss auch eine Brandschutzplanung aufweisen. Sonst könnte man sie ja nicht an geänderten Gegebenheiten neu ausrichten.«

»Das ist nur möglich, wenn Satzungsänderungen grundsätzlich auch in der Satzung vorgesehen sind«, erklärte der Stiftungsberater. »Aber machen Sie sich keine Sorgen. Dafür bringen wir ja die notwendige Erfahrung mit.«

Ein anderes Mal kam der Stiftungsberater auf ein Thema zu sprechen, das Andre Kaminski weniger leichtfiel.

»Ich möchte mit Ihnen über die durch die Stiftung Begünstigten sprechen, die sogenannten Destinatäre.«

Andre Kaminski verstand nicht. »Was ist damit? Meine beiden jüngsten Kinder sollen begünstigt werden, mein ältester Sohn nicht.«

»Ich würde es nicht so konkret machen«, sagte der Stiftungsberater. »Lassen Sie uns lieber aufnehmen, dass die Begünstigten durch den Vorstand festgelegt werden und vorwiegend aus Ihrer Familie stammen.«

»Wieso das?«, Andre Kaminski hob zweifelnd die Augenbrauen.

»Das bringt Ihnen die Flexibilität, später die Begünstigungen noch anzupassen.«

»Das brauche ich nicht«, sagte Kaminski schnippisch. »Meine Vorstellungen sind klar.«

Der Stiftungsberater beschwichtigte: »Das glaube ich Ihnen ja. Aber hatten Sie nicht letztens noch den Vergleich gezogen, dass man bei einer Brandschutzplanung auf Änderungen reagieren muss?«

»Mein Nachlass ist keine Brandschutzplanung«, platzte es aus Andre Kaminski heraus, bei dem die Emotionen hochkochten.

Der Stiftungsberater lehnte sich zurück. »Ich weiß, es geht mich überhaupt nichts an. Aber was ist denn, wenn Sie sich irgendwann einmal mit Ihrem Sohn wieder versöhnen sollten? Dann bereuen Sie es später, keinen Spielraum zu haben. Ob Sie ihn nutzen, liegt doch ganz allein in Ihrer Hand. Und was ist, wenn Sie einmal Enkel haben? Die möchten Sie doch sicherlich auch gut versorgt wissen, oder?«

Andre Kaminski schwieg. Er merkte, wie er sich beruhigte, und überlegte lange. »Am Ende würde also ein entsprechender Passus in die Satzung aufgenommen, dass ich als Vorstand die Begünstigten frei festlegen und die Zahl der Begünstigten ändern kann?«

»Genau so können und sollten wir das machen«, schloss der Stiftungsberater. »Sie sind der Stifter, Sie bestimmen die Regeln.«

Es war an einem Mittwoch, als alles für die Stiftung vorbereitet war. Andre Kaminski würde sein Vermögen so in die Stiftung einbringen, dass diese einen umfassenden Immobilienbestand aufbauen konnte. Die Rendite sollte einerseits als Rücklage dienen, um Sanierungen an den Immobilien durchzuführen, den Wert und somit das Stiftungsvermögen zu erhalten, und andererseits an die Begünstigten ausgeschüttet werden. Eines war klar: Die beiden jüngeren Kinder von Andre Kaminski würden sich schon sehr bald über finanzielle Zuwendungen freuen können, sofern sie dem Aufbau ihrer eigenen Existenzen dienten. Sein ältester Sohn sollte nicht bedacht werden. Er würde es allerdings auch nicht merken. Seit dem Zwischenfall mit den Drogen hatte Andre Kaminski keinerlei Kontakt mehr mit ihm gehabt.

»Ich gratuliere«, sagte der Stiftungsberater. »Wir haben jetzt alles so weit vorbereitet, dass wir die Stiftungsgründung bei der Aufsichtsbehörde beantragen können. Dort wird die Satzung Ihrer Stiftung wie in Stein gemeißelt werden. Gut, dass Sie sich Spielräume offen gelassen haben. In wenigen Wochen kann die Stiftung dann ihre Arbeit aufnehmen.«

»Wunderbar«, sagte Andre Kaminski. Er mochte es, wenn alles geregelt war. Und das war es ab sofort.

Die Rückkehr des verlorenen Sohnes

Die Jahre vergingen und Andre Kaminski konnte beobachten, wie seine Tochter ihr Medizinstudium erfolgreich abschloss, einige Jahre in einem Krankenhaus Erfahrung sammelte und sich schließlich wünschte, ihre eigene Praxis zu gründen. Jetzt zahlte sich die Stiftung aus. Sie hatte über die Zeit hinweg nicht nur ihren Immobilienbestand deutlich ausbauen können, sondern auch eine bedeutende Summe an Rücklagen gebildet. Andre Kaminski konnte als Stiftungsvorstand einen Teil des Geldes einsetzen, um die Praxis für seine Tochter einzurichten. So bereitete er ihr einen guten Start. Es freute ihn, diese Möglichkeit zu haben. Und es freute ihn zu sehen, wie die Praxis gedieh.

Während des Studiums seines jüngsten Sohnes hatte die Stiftung dessen unbezahlte Praktika und Auslandssemester erst möglich gemacht, durch die Finanzierung von Studiengebühren, Unterkünften, Verpflegung und weiteren Kosten vor Ort. Sein Sohn war dafür sehr dankbar, da es ihn schon immer in die Welt hinausgezogen hatte. Inzwischen hatte er in BWL promoviert. Er arbeitete in internationalen Konzernen, die ihn nach Asien und Südamerika schickten, und verdiente gutes Geld. Sein Jüngster hatte also die Starthilfe gut genutzt.

Als der Herbst kam, merkte Andre Kaminski, wie auch der Herbst seines Lebens schon begonnen hatte. Er hatte nicht mehr den Elan wie früher. Es war ihm fast schon zuwider, zur Arbeit zu fahren. Nicht zuletzt, weil jede Ankunft in seinem Unternehmen ihm eines verdeutlichte: Er hatte seinen jüngeren Kindern den Weg in eine rosige Zukunft geebnet, einen Nachfolger für seine eigene Firma hatte er allerdings nicht gefunden. Er würde wohl alles verkaufen müssen, auch wenn dadurch eine große Ära im Bereich des Brandschutzes zu Ende gehen würde. Es ließ sich nicht ändern.

»Guten Morgen, Elli.«

Er begrüßte seine Sekretärin zwar inzwischen mit Vornamen, aber immer noch knapp, und wollte schon bald in seinem Büro verschwinden, als er von ihr zurückgehalten wurde.

»Herr Kaminski, Ihr 10-Uhr-Termin ist bereits da und wartet auf Sie im grünen Besprechungsraum.«

Andre Kaminski schaute auf seine Armbanduhr. Tatsächlich schon 10 Uhr. Es war noch nie vorgekommen, dass er so spät im Büro aufgetaucht war, ohne eine gute Begründung zu haben. Heute war es die Zeitungslektüre gewesen – und das war überhaupt kein Grund.

»Ich habe einen 10-Uhr-Termin?«, fragte er.

»Ja. Ralf hat ihn für Sie vereinbart. Er sagte, es geht um ein Kooperationsprojekt mit einem anderen Ingenieurbüro. Eine große Brandschutzplanung, bei der sich das andere Büro zusätzliche Expertise erhofft. Ich dachte, Sie wüssten Bescheid?«

Andre Kaminski hatte keinerlei Ahnung, was es damit auf sich hatte. Doch er beeilte sich zu sagen: »Ja ja, natürlich. Mir war nur nicht klar, dass das heute war. Ich bringe nur schnell meine Tasche ins Büro.«

Als er sich auf den Weg zum grünen Besprechungsraum machte, rasten seine Gedanken.

Hatte Ralf ihm wirklich Bescheid gesagt?

Positionierte er sich zunehmend als Kronprinz?

Wäre er der Richtige?

Als er den grünen Besprechungsraum betrat, traf ihn beinahe der Schlag. Der Inhaber des anderen Ingenieurbüros stand auf und streckte ihm zur Begrüßung die Hand entgegen.

»Hallo Papa«, sagte er.

Es war Patrick.

An diesem Abend gab es ein wahres Festmahl im Hause Kaminski – wenn auch vom Lieferservice. Denn an diesem Abend war Patrick zu Gast. Es stimmte: Er hatte ein großes Brandschutzkonzept vor der Brust. Und was noch beeindruckender war: Er hatte ein eigenes Ingenieurbüro mit demselben Schwerpunkt wie sein Vater aufgebaut.

Wie viele Jahre waren ohne Kontakt seit dem einen morgendlichen Streit vergangen?

Andre Kaminski wusste es nicht mehr genau. Zu viele, wie es ihm jetzt schien.

»Ich wollte dir erst wieder unter die Augen treten, wenn ich mein Leben auf die Reihe bekommen habe«, erklärte Patrick, während er ein paar vorzügliche griechische Oliven verspeiste. »Dann vergingen weitere Jahre und jetzt kam mir dieses Brandschutzkonzept gerade recht.«

»Und ob du dein Leben auf die Reihe gebracht hast«, sagte Andre Kaminski und konnte den Stolz in seiner Stimme kaum verbergen. Maria rührte das Bild zu Tränen. »Nicht jedes Ingenieurbüro würde mit einer solchen heiklen Aufgabe betraut.«

Der Abend wurde noch sehr lang. Die Eltern saßen mit ihrem verloren geglaubten Sohn vorm Kamin und ließen sich berichten, was alles in seinem Leben passiert war. Wie er sich durch das Studium durchbiss, obwohl der Stoff ihn quälte. Wie so manches Mal das Geld am Ende des Monats knapp wurde und er an vielen Abenden zum Monatsende lediglich Nudeln mit Ketchup aß.

Er ist genau wie ich, ging es Andre Kaminski durch den Kopf. Wieso habe ich das nicht schon früher erkannt?

Am Ende des Abends hatte Andre Kaminski einen Nachfolger für sein Unternehmen gefunden. Das Geschäft würde ein Familiengeschäft bleiben. Patrick würde seine wenigen Angestellten einfach mitbringen und mit besseren Verträgen ausstatten.

Der Plan stimmte Andre Kaminski außerordentlich froh.

Am nächsten Morgen war Andre Kaminski als erstes im Büro. Er nahm das Telefon zur Hand und wählte die Nummer seines Stiftungsberaters:

»Hallo? Ja, ich bin es, Andre Kaminski. Nein, nein, es ist nichts passiert. Ich wollte einfach nur Danke sagen.«

Denn ab sofort sollte die Stiftung das Geld bereitstellen, das Patrick zur weiteren Expansion des Unternehmens benötigen würde. Und sollte er – Andre Kaminski – eines Tages sterben, würde Patrick fortan ebenso bedacht werden wie seine beiden jüngeren Kinder.

Vorteile einer Familienstiftung aus diesem Fallbeispiel:

- Bestimmung über den Geldfluss aus dem Stiftungsvermögen über den eigenen Tod hinaus.
- Vermeidung von Konflikten und Familienstreitigkeiten im Erbfall durch vorherigen Übertrag des eigenen Vermögens auf eine eigenständige juristische Person (Stiftung).
- Finanzielle Starthilfe für die Kinder im Beruf wird aus den Erträgen der Stiftung finanziert.
- Zuwendungen an Familienmitglieder aus der Stiftung heraus können – je nach Satzung – gesteuert und jederzeit angepasst werden.
- Finanzielle Absicherung der Familie über Generationen hinweg.
- Übertrag der Gewinne des Unternehmens direkt an die Stiftung (je nach gesellschaftlicher Konstruktion).
- Der Stiftungsvorstand (m/w/d) kann weiterhin das ehemals eigene Vermögen und dessen Geldflüsse steuern, ohne dass es ihm selbst gehören muss.

Vermögen wachsen lassen

Eine Stiftung als Geschäftsmodell

Eine Stiftung kann als Rechtsperson anders agieren als ein Unternehmen. Das kann für den Vermögensaufbau entscheidende Vorteile haben. Das Fallbeispiel zeigt anhand einer Investmentfirma für Immobilien, wie sich die Ertragsstruktur durch die Gründung einer Stiftung deutlich optimieren lässt, ohne dass sich an dem eigentlichen Kerngeschäft etwas ändert.

»Was hältst du davon, wenn wir das, was wir tun, effizienter machen?« Marko Teubner stellte diese Frage in den Raum. Christina Arnold, seine langjährige Freundin und Geschäftspartnerin, blickte von dem Jahresbericht auf, den sie gerade in Händen hielt, und hob die Augenbrauen. »Was meinst du?«, fragte sie zurück. »Es läuft doch alles super.« Eben erst hatte ihre Firma für Immobilieninvestment und -verwaltung das beste Jahresergebnis ihrer Geschichte eingefahren. Das Geschäft brummte und die Gewinne stiegen kontinuierlich.

»Ich meine ja nur«, sagte Teubner, allerdings mit Nachdruck. »Wieso machen wir es nicht noch effizienter und behalten mehr von den erwirtschafteten Gewinnen für uns?«

Christina Arnold lehnte sich zurück. Sie kannte ihren Geschäftspartner und sah, dass er eine konkrete Idee im Sinn hatte. Welche, war ihr aber gänzlich unklar. Sie taxierte Marko Teubner einen Augenblick. Dann fragte sie: »Und wie?«

»Wir gründen eine Stiftung.«

Eine längere Phase der Stille breitete sich in dem Büro aus. Nach einer Weile ergriff Christina Arnold wieder das Wort. »Eine Stiftung?«

Sie zweifelte. Und diese Zweifel sprach sie aus: »Wir sind keine Wohltäter, sondern ein profitables Wirtschaftsunternehmen.«

»Du denkst in die falsche Richtung«, konterte Teubner. »Ich rede nicht von einer gemeinnützigen, sondern einer privaten Stiftung.«

Christina Arnolds Zweifel waren nicht ausgeräumt und das sah man ihr an. Daher legte Marko Teubner nach: »Ich wette, dass wir durch die Stiftung schneller wachsen, mehr Gewinn generieren und unser Geschäft zukunftssicherer aufstellen.«

»Eine ganz schön gewagte Wette, wenn es schiefgehen sollte«, warf Christina Arnold ein.

»Es wird nicht schiefgehen.«

»Ich müsste mehr darüber erfahren«, schloss Arnold. Das Telefon schellte und vertagte die Diskussion. Abgeschlossen war das Thema damit aber keinesfalls, wie sich später noch zeigen sollte.

Mit Immobilien in die Selbstständigkeit

Christina Arnold und Marko Teubner kannten sich bereits seit dem Studium. In der Vorlesung für Volkswirtschaftslehre hatte Marko Christina mit einem Stift ausgeholfen, später in der Cafeteria hatten sie über die Inhalte der Vorlesung diskutiert und sich in den folgenden Semestern ihres Wirtschaftsstudiums angefreundet. Als es dann schließlich darum ging, welchen Weg sie nach dem Abschluss einschlagen wollten, stand für Christina Arnold der Weg in die Selbstständigkeit fest. Sie hatte vor dem Studium bereits eine Ausbildung zur Immobilienkauffrau abgeschlossen. Ein Treuhandvermögen, das ihre Großmutter für sie vor Jahrzehnten angelegt hatte, sollte das Startkapital bilden. Sie wollte in die Immobilienbranche und dort Fuß fassen.

Marko Teubner war unschlüssig, dachte an einen Einstieg in einen der großen Konzerne, doch bei einer Kneipentour durch das Studentenviertel der Stadt, um das Diplom in der Tasche zu feiern, fragte Christina ihren Freund frei heraus, ob er nicht in ihr Start-up einsteigen wolle. In einer Bierlaune sagte Marko einfach zu, ohne sich größere Gedanken darüber zu machen. Nachdem der Kater am nächsten

Tag bewältigt war, begann er dann allerdings genauer darüber nachzudenken. Er war ungebunden, hatte keine Verantwortung außer für sich selbst, als Student sehr überschaubare Ausgaben und Lust auf das Abenteuer.

»Wenn ich es jetzt nicht riskieren kann, wann dann«, dachte er sich und stimmte zur großen Freude von Christina noch einmal »im Vollbesitz seiner geistigen Kräfte« zu.

Ein guter Start

Es dauerte eine Weile, bis sie sich für die erste Immobilie entschieden hatten.

»Gut Ding will Weile haben«, sagte Christina. Sie studierte penibel die verschiedenen Lagen der Stadt, die Mietpreisentwicklung der vergangenen Jahre und Jahrzehnte, recherchierte sogar, welche Planungen der Stadt es gab, bestimmte Gebiete zu entwickeln.

Marko dauerte das alles zu lange. Aber: Immerhin war es nicht sein Geld, das ins Feuer gestellt wurde, und so ließ er seine Freundin gewähren.

Eines Tages, es war gerade der erste Schnee gefallen und bitterkalt, kam Marko in das Büro, das sie für ihr Unternehmen gemietet hatten. Direkt wurde er von Christina abgefangen.

»Ich hab es!«, rief sie aufgeregt und präsentierte eine Immobilie, die Marko nie im Leben gewählt hätte. Zu heruntergekommen, zu großer Sanierungsstau und insgesamt nicht gerade toll gelegen. Fand er zumindest.

Doch Christina wischte alle Bedenken einfach zur Seite.

»Du musst das Potenzial sehen!«, sagte sie.

Sie legte ihrem Geschäftspartner ein Exposee vor, das bis ins kleinste Detail ausgearbeitet war. Die wirtschaftliche Entwicklung der vergangenen Jahre war ebenso aufgeführt wie die Kaufkraft der dort wohnenden Bevölkerung. Ihren potenziellen Mietern.

»Der Laden ist allerdings ziemlich abgeranzt«, stellte Marko wenig sachlich fest.

Christina lachte die Bedenken weg. »Dafür ist das Haus spottbillig. Ein komplett saniertes Haus kann jeder kaufen. Aber was willst du da für eine Rendite haben? Hieraus machen wir eine wahre Goldgrube!«

Marko Teubner wurde neugierig. »Erzähl mehr«, forderte er seine Freundin auf.

»Nun, zunächst werden wir mal ordentlich sanieren«, sagte sie. »Neue Fenster, Dämmung, neue Heizung. Die alten Nachtspeicher fliegen raus. Wir installieren eine Zentralheizung. Ein Blockheizkraftwerk vielleicht. Dann erzeugen wir neben der Wärme sogar unseren eigenen Strom, den wir dann zusätzlich verkaufen können. So steigern wir die Rendite über die reinen Mieteinnahmen hinaus!«

Marko schlug die Hände über dem Kopf zusammen. »Weißt du eigentlich, was das alles kostet?«, mahnte er.

»Klar«, sagte Christina Arnold leichthin. »Das habe ich natürlich alles durchkalkuliert. In etwa werden wir noch einmal den Kaufpreis in das Objekt investieren müssen.«

»Dann ist das Ganze nicht mehr so preiswert.« Marko Teubner knetete seine Unterlippe.

»Du siehst das falsch«, konterte Christina. »Das Ganze wird eine umfassende energetische Sanierung, für die wir mal so richtig ordentlich Fördermittel von der KFW-Bank abgreifen können. Und damit nicht genug: Elf Prozent unserer Kosten werden wir ganz einfach auf die Jahresmiete umlegen können.«

»Werden die Mieter das überhaupt bezahlen können?« Marko Teubner war noch immer nicht überzeugt.

»Die jetzigen nicht«, gab Christina Arnold vielsagend zurück. »Aber in der Stadt herrscht Wohnungsnotstand. Das Viertel, in dem diese Immobilie liegt, ist absolut im Aufwind. Frisch sanierte Wohnungen sind gefragt. Die werden uns wie warme Semmeln aus der Hand gerissen, wenn die jetzigen Mieter erst einmal raus sind.«

Marko schüttelte den Kopf. »Du kannst nicht einfach irgendwen aus der Wohnung schmeißen, nur weil du modernisieren willst«, sagte er.

»Es gibt Mittel und Wege«, meinte Christina Arnold kühl.

Am Ende kauften sie die Immobilie und machten alles so, wie es Christina Arnold geplant hatte. Marko Teubner konnte aus dieser Erfahrung heraus einiges lernen: Zum einen sah er, dass die Entscheidung für das Mehrfamilienhaus tatsächlich eine lohnende Investition war, die den weiteren Erfolg des Unternehmens absolut begründete. Christina hatte es sogar geschafft, die alten Mieter aus ihren Wohnungen zu vertreiben und gegen ein deutlich solventeres Publikum zu ersetzen. Das war die zweite Erkenntnis, die Marko Teubner aus der ganzen Geschichte zog. Er hatte eine weitere Facette von Christina kennengelernt: die Knallharte, für die am Ende nur der Erfolg zählte.

Der ersten Immobilie folgte eine zweite in demselben Viertel, bei der das Vorgehen in etwa genauso ablief wie bei der ersten. Die Firma hatte die Organisationsform einer GbR, doch bald schon konnten Christina Arnold und Marko Teubner zu einer GmbH umfirmieren. Sie hatten inzwischen ausreichende Sicherheiten, um größere Kredite aufzunehmen. Christina hatte das Geld ihrer Großmutter geschickt angelegt und war drauf und dran, weit über dieses Startkapital hinauszugehen.

»Wenn wir doch nur noch mehr Kapital generieren könnten«, sagte sie manchmal. »Ich hätte noch so viele Ideen, in die wir investieren könnten!«

Die ersten Jahre vergingen und die beiden Geschäftspartner fuhren mit ihrem Unternehmen einen Erfolg nach dem anderen ein. Sehr zur Freude von Christina Arnold, die ihre Geschäftsidee bestätigt sah und schon mehrfach ihren Instinkt für gute Geschäfte bewiesen hatte. Nach nur wenigen Jahren war »Arnold & Teubner« eine fest etablierte Größe im Immobiliengeschäft, die ihren Einflussbereich immer weiter über die Grenzen der ersten Stadt ausweitete.

Eines Tages wurde Marko Teubner dann schließlich auf die Möglichkeit einer privaten Stiftung aufmerksam. Obwohl er kein Jurist war, interessierte er sich sehr für die verschiedenen Gesellschaftsformen. Auch weit über die gängigen Modelle von GbR, GmbH und AG hinaus. Je mehr er über das Thema Stiftung las, desto mehr stellte er fest, dass dies perfekt zu ihrem Unternehmen passte. Er würde Christina davon berichten. Denn am Ende war es eine Möglichkeit, mehr Rendite zu erzielen. Und letztlich war es genau das, was Christina als einzige Kenngröße interessierte.

Ein Plan entsteht

Es vergingen einige Tage, bis sich schließlich die Gelegenheit für ein tiefergehendes Gespräch ergab. Marko Teubner fing seine Geschäftspartnerin vor dem Besprechungsraum ab.

»Komm mal kurz rein. Ich muss dir was vorstellen«, sagte er.

Christina Arnold winkte ab. »Ich bin gerade auf dem Weg zum Mittagessen.«

»Wir können was kommen lassen.«

Christina Arnold blickte auf die Uhr und seufzte. Schon jetzt trauerte sie dem reichhaltigen Mahl in ihrem Lieblingsrestaurant hinterher, willigte aber ein. »Also schön. Bestellen wir Pizza.«

Im Besprechungsraum hatte Marko Teubner das Flipchart platziert. Auf dem ersten Blatt stand in großen Lettern: »Unser Unternehmen als Stiftung«.

Christina Arnold dämmerte es: »Ach, darum geht es.« Sie hatte die Idee im Tagesgeschäft schon wieder ganz vergessen. »Also dann«, sagte sie, zückte jedoch zunächst ihr Handy. »Aber erst mal: Thunfisch oder Salami?«

»Ist mir egal, solange du mir zuhörst.«

»Also Thunfisch.«

Ungeduldig wartete Marko Teubner, bis Christina Arnold die Bestellung aufgegeben hatte. Kaum hatte seine Geschäftspartnerin aufgelegt, legte er auch schon los: »Zunächst möchte ich die Frage in den Raum stellen: Wieso eine Stiftung?«

»Das frage ich mich auch«, lachte Christina.

»Jetzt sei nicht blöd, sondern hör einfach zu.« Marko Teubner ließ sich das Heft des Handelns jetzt nicht mehr aus der Hand nehmen, sondern nutzte die Gelegenheit, Christina Arnold seine Ideen umfassend zu präsentieren. »Um es auf den Punkt zu bringen: Stiftungen können sechs der möglichen Einkunftsarten, die in der Abgabenordnung stehen, erwirtschaften.«

Christina Arnolds Begeisterung hielt sich in Grenzen. »Ist ja toll«, sagte sie knapp.

Marko Teubner ließ sich nicht beirren. »Dazu zählen auch Einnahmen aus Vermietung und Verpachtung und aus dem Veräußern von Immobilien.«

Christina Teubner hielt kurz inne. Sie hasste es, wenn sie etwas scheinbar Offensichtliches übersah. Und das schien ihr jetzt der Fall zu sein. »Wieso ist das für uns wichtig?«, fragte sie schließlich, weil es sich ihr einfach nicht erschließen wollte.

Marko Teubner lächelte. Jetzt hatte er seine Freundin und Geschäftspartnerin genau da, wo er sie haben wollte. Er hatte ihr Interesse geweckt und damit ihre volle Aufmerksamkeit.

»Vor allem aus steuerlichen Gründen«, sagte er genüsslich.

Die Pizza kam, aber Christina Arnold hatte dafür jetzt keinen Sinn mehr.

»Das musst du mir genauer erklären«, sagte sie zu Marko Teubner.

Der hatte plötzlich alle Zeit der Welt. »Vielleicht sollten wir erst einmal essen, bevor alles kalt wir«, schmunzelte er.

»Sehr witzig«, gab Christina Arnold zurück und drückte sich in die Lehne ihres Konferenzsessels. »Jetzt sag es schon.«

»Eine Stiftung muss für ihre Erträge geringere Steuern bezahlen. So bleibt von der Rendite mehr übrig, was wir dann in den Ausbau unseres Portfolios stecken können.«

»Und was ist mit dem Geld, das wir uns auszahlen?«

»Da gibt es verschiedene Möglichkeiten: Wir können als Geschäftsführer der Stiftung ein normales Gehalt beziehen. Die Zahlungen, die wir zusätzlich als Begünstigte der Stiftung erhalten, werden genauso besteuert wie andere Kapitalerträge. Und damit ebenfalls günstiger als ein direktes Arbeitseinkommen.«

Christina Arnold massierte ihre Unterlippe mit Daumen und Zeigefinger. Die Idee schien ihr bereits zu gefallen.

Marko Teubner setzte noch einen drauf: »Das Beste aber kommt nach zehn Jahren«, warf er den Köder aus, nach dem seine Freundin auch direkt schnappte.

»Was ist nach zehn Jahren?«

»Nun, wenn wir normalerweise eine Immobilie veräußern, müssen wir dafür die Körperschaftssteuer abführen.«

»Ist klar«, meinte Arnold.

»Im privaten Bereich ist die Veräußerung einer Immobilie nach zehn Jahren steuerfrei.«

»Auch richtig, aber auch nichts Neues für mich«, meinte Christina Arnold und überlegte kurz. Dann fiel der Groschen. »Sag bloß …«

Marko Teubner kicherte: »Genau: Auch eine Stiftung kann Immobilien nach zehn Jahren steuerfrei verkaufen.« Er schnappte sich einen der Pizzakartons und angelte sich ein Stück der Thunfischpizza. Genüsslich biss er hinein, während Christina Arnold noch nachgrübelte. Mit vollem Mund meinte Teubner: »Ich hatte doch gesagt, dass eine Stiftung eine Überlegung wert ist.«

Bei Christina Arnold kam ein Zweifel auf: »Wenn mich nicht alles täuscht, muss eine Stiftung aber ihr Stiftungskapital erhalten und darf nur die Erträge ausgeben. Dann wird es wohl nichts mit dem steuerfreien Immobilienverkauf.«

Marko Teubner hatte die richtige Antwort parat: »Das mit dem Stiftungskapital stimmt. Aber wer sagt denn, dass die Immobilien das Stiftungskapital sind?«

»Was soll es denn sonst sein?«

»Ein bestimmter Geldbetrag, der der Stiftung erlaubt, erste Geschäfte zu tätigen. Dann wird sich die Stiftung verschulden, um eine Immobilie zu erwerben – so wie wir es damals auch gemacht haben. Die Tilgung läuft über die Rendite. Mit jeder Rate, die wir abzahlen, wird die Stiftung reicher. Aber dieser Zuwachs des Vermögens ist erwirtschaftete Rendite und eben nicht das Stiftungskapital. So kann das Stiftungskapital, das gewahrt bleiben muss, relativ klein bleiben, während wir durchgehend freie Rücklagen bilden und die Mieteinnahmen zu einem großen Teil reinvestieren. Sagen wir einfach einmal, wir finanzieren eine Immobilie über zehn Jahre. Dann können wir sie nach Ablauf dieser Frist steuerfrei verkaufen, ohne dass wir damit das Stiftungskapital angefasst hätten.«

Marko Teubner schnappte sich das nächste Stück Pizza und blickte auf seine schweigend und nachdenkend dasitzende Geschäftspartnerin. »Was ist? Hast du gar keinen Hunger?«

Der Plan zur Stiftungsgründung entsteht

Seit dem Gespräch im Konferenzraum war Christina Arnold restlos überzeugt, dass die Gründung einer Stiftung der richtige Schritt wäre, das Unternehmen weiterzuentwickeln. Doch dieser Schritt wollte gut vorbereitet sein. Einerseits bestand die Immobiliengesellschaft, die bereits über einen beachtlichen Immobilienbestand verfügte – vor allem dann, wenn man die Zahl der Häuser in das Verhältnis zum relativ kurzen Bestehen des Unternehmens setzte. Andererseits gab es bei der Stiftungsgründung einige rechtliche Aspekte zu beachten. Und auch wenn Marko Teubner ein grundsätzliches Interesse an der Thematik hatte, war er, ebenso wie Christina Arnold auch, mit einem rein betriebswirtschaftlichen Hintergrund nicht der richtige Experte, der alle Fragen beantworten konnte. Christina Arnold und Marko Teubner überlegten zunächst, die Anwältin zu beauftragen, die immer wieder mal für ihre Firma tätig war. Letztlich entschieden sie sich allerdings genauso gegen sie wie gegen ihren Steuerberater. Das Stiftungswesen war so komplex, dass sie einen echten Fachmann finden wollten. So stießen sie schließlich auf einen Stiftungsberater, der sich wenige Tage nach dem Anruf bereits zu einem Erstgespräch in den Räumlichkeiten der Immobilienfirma einfand.

»Wie schön, dass es so kurzfristig geklappt hat«, begrüßte Christina Arnold ihn herzlich. Gemeinsam mit dem Stiftungsberater und ihrem Geschäftspartner Marko Teubner hatte sie sich im Konferenzraum eingefunden.

Eine gute halbe Stunde lang erläuterten sie dem Stiftungsberater ihre Idee. Als sie geendet hatten, ergriff der das Wort: »Zunächst einmal meinen Respekt: Das haben Sie hervorragend recherchiert. Im Grunde können wir die Stiftung exakt so auf die Beine stellen.«

Marko Teubner freute sich über das Lob, wollte aber direkt in der Sache vorankommen. »Wie sehen die nächsten Schritte aus, die wir jetzt ergreifen müssen?«

»Zunächst müssen wir überlegen, ob Sie eine selbstständige oder eine Treuhandstiftung gründen wollen«, sagte der Stiftungsberater. »Da Sie allerdings wie eine eigenständige Rechtsperson handeln und sicherlich Ihre Investmentstrategie nicht aus der Hand geben wollen, stellt sich diese Frage nicht wirklich. Für Sie bietet die selbstständige Stiftung die größten Vorteile und den breitesten Gestaltungsspielraum. Somit würden wir eine Stiftungssatzung aufsetzen, in der wir den Stiftungszweck definieren, beschreiben, wie dieser Zweck erfüllt werden kann, und auch alle weiteren Regelungen festlegen, die in der Stiftung gelten sollen.«

»Eine Frage habe ich allerdings noch«, sagte Christina Arnold.

Der Stiftungsberater lächelte. »Natürlich, gern.«

»Wem gehört eigentlich das Vermögen, das wir erwirtschaften?«

»Der Stiftung.«

»Also nicht mehr uns?«

»Nein, bei einer Stiftung handelt es sich um ein verselbstständigtes Vermögen, das der Erfüllung eines bestimmten Zwecks – des Stiftungszwecks – dient«, erklärte der Stiftungsberater.

»Ob mir das so gefällt«, überlegte Christina Arnold. Es war komisch, dass die Frage erst jetzt bei ihr auftauchte. Sie wollte auch keinen Rückzieher machen, aber dennoch sorgte die Vorstellung, ihr Vermögen abzugeben und in eine Stiftung einzubringen, plötzlich bei ihr für Unbehagen.

Der Stiftungsberater konnte sie allerdings beruhigen. »Denken Sie an das Geschäftsguthaben Ihrer GmbH. Das gehört Ihnen natürlich, es ist allerdings ebenfalls gebunden. Sie können nicht einfach so darauf zugreifen. Im Falle einer Pleite Ihrer GmbH ist dieses Firmenvermögen allerdings weg. Das Stiftungsvermögen wird Ihnen auf immer dienen, sofern Sie im Stiftungszweck begünstigt sind. Das wird natürlich der Fall sein, denn immerhin bestimmen Sie den Stiftungszweck Ihrer eigenen Stiftung natürlich selbst.«

Christina Arnold nickte. Das war schlüssig. Und auch Marko Teubner, der einen kurzen Moment die Luft anhalten musste, entspannte sich wieder.

Der Stiftungsberater war mit seiner Erklärung allerdings noch nicht zum Ende gekommen: »Darüber hinaus hatten Sie gesagt, dass Sie das Stiftungsvermögen bewusst klein halten wollen, sodass das Vermögen, das in der Stiftung wächst, als freie Rücklage verfügbar ist. Somit werden Sie sehr wohl auf ein großes Vermögen zugreifen können, das in der Stiftung allerdings bestmöglich geschützt ist.«

Die Stiftung wird gegründet

In den folgenden Wochen wurde die Stiftungsgründung durch den Stiftungsberater auf das Genaueste vorbereitet. Das Ziel war, den beiden Stiftern möglichst viele Vorteile zu sichern und die operative Handlungsfähigkeit, die für das Immobiliengeschäft unverzichtbar war, zu bewahren.

Am Ende stand schließlich eine Stiftungssatzung, die genau auf die Wünsche und Bedürfnisse von Christina Arnold und Marko Teubner abgestimmt war.

»So, meine Dame, mein Herr, das war's«, sagte der Stiftungsberater schließlich bei dem letzten Vorbereitungstreffen im Konferenzraum der Immobilienfirma. »Mit dieser Satzung wird der Antrag zur Stiftungsgründung bei der Stiftungsbehörde eingehen. Nach einiger Zeit werden wir eine Rückmeldung von der Behörde bekommen. Wenn dann das Stiftungsvermögen eingegangen ist, kann die Stiftungsarbeit in Ihrem Sinne so richtig losgehen.«

Das Einbringen des Stiftungsvermögens

Wie ursprünglich bereits vorgesehen, sollte die Stiftung nur eine vergleichsweise geringe Kapitalausstattung erhalten, damit das Vermögen innerhalb der Stiftung wachsen konnte und sehr große freie Rücklagen entstehen würden. Marko Teubner und Christina Arnold brachten daher 100 000 Euro in die Stiftung ein. Dieses Geld diente als Eigenkapital, um bei einer Bank ein Darlehen für den Erwerb einer ersten Immobilie zu erhalten. Nach und nach sollte die Stiftung dann den Immobilienbestand der bisherigen Immobilienfirma aufkaufen, um so sukzessive an die Stelle der bisherigen Firma zu treten. Die GmbH würde sich nach dem Abschluss dieses Prozesses dann schließlich selbst auflösen.

Dieser Umwandlungsprozess war auf einen längeren Zeitraum angelegt, potenzierte sich aber. Nach den ersten Immobiliengeschäften verfügte die Stiftung über ausreichend große Sicherheiten, um größere Kredite aufzunehmen. Die wachsenden Renditen wurden zum Zahlen von Zins und Tilgung genutzt. In der Niedrigzinsphase war es möglich, sehr kurze Vertragslaufzeiten zu vereinbaren. So konnte die Stiftung bald schon über das bestehende Portfolio an Immobilien, das Christina Arnold und Marko Teubner in ihrer Immobiliengesellschaft aufgebaut hatten, hinausgehend den eigenen Bestand erweitern.

Ihren Lebensunterhalt zahlten sich Christina Arnold und Marko Teubner als Zuwendung der Stiftung aus, auf diese Weise konnten sie ihre Steuerlast senken. Gleichzeitig bedeutete es aber auch, dass mehr Geld in der Stiftung blieb, um weitere Immobilien zu erwerben.

Vorteile nach zehn Jahren

Die Jahre vergingen und die Stiftung von Christina Arnold und Marko Teubner gedieh zusehends. Immer schneller konnten sie durch die vergünstigten steuerlichen Bedingungen Immobilien hinzukaufen. Darüber hinaus lief die Verwaltung der Mietwohnungen über die Stiftung. In vergleichsweise kurzer Zeit war die Mitarbeiterzahl, die für die Stiftung tätig war, auf vierzig angestiegen. Die meisten davon waren Immobilienwirte, die für eine hervorragende Auslastung der Immobilien sorgten und Instandhaltung und Modernisierung der Häuser im Blick behielten. Kurz und gut: Der Immobilienbestand der Stiftung war nicht nur groß, sondern auch in bestem Zustand.

Eines Tages schlenderte Marko Teubner in Christina Arnolds Büro herein. »Es ist so weit«, sagte er. »Die Zehn-Jahres-Frist ist vorbei. Wir können jetzt mit der Bestandsoptimierung beginnen.«

Seit langem schon hatten sie sich regelmäßig zusammengesetzt und waren mit einigen Immobilienwirten den Bestand durchgegangen. Das Ziel war eine stärkere Fokussierung. Dazu sollten einige Standorte aufgegeben werden, während die Stiftung ihr Engagement in anderen Städten ausbauen wollte.

Christina Arnold kramte kurz auf ihrem Tisch, fand einen Satz Charts, den sie zusammengestellt hatte, stand auf und kam um ihren Schreibtisch herum.

Marko Teubner nahm bereits an dem Besprechungstisch Platz.

»Dann können wir ja mit der nächsten Phase unserer Wachstumsstrategie starten.«

Sie legte Marko Teubner einen Chartsatz auf den Platz, den sie mit ihm durchgehen wollte.

Marko Teubner hielt einen Moment inne.

»Kannst du dich noch an die Wette erinnern?«

Christina Arnold blickte von ihrem eigenen Blätterstapel auf, in den sie sich bereits vertieft hatte. »Welche Wette?«, fragte sie.

»Vor etwas mehr als zehn Jahren sagte ich zu dir: Ich wette, dass wir durch die Stiftung schneller wachsen, mehr Gewinn generieren und unser Geschäft zukunftssicherer aufstellen«, sagte Teubner.

Christina Arnold nickte: »Und auch wenn ich es damals nicht glauben wollte: Da hast du verdammt Recht gehabt.«

Vorteile einer Familienstiftung aus diesem Fallbeispiel:

- Auszahlung einer Zuwendung der Stiftung an den Destinatär (Begünstigter gemäß der Stiftungssatzung) wird steuerlich anders gewertet als die Auszahlung eines Gehaltes.
- Schutz des Vermögens durch gänzliche Trennung von Person und Stiftung.
- Steueroptimierte Immobilien-Investments sind möglich.
- Klare Begrenzung des Stiftungsvermögens ermöglicht große Ausschüttungen an die Destinatäre.
- Je nach Gestaltung der Satzung: Auch finanzielle Absicherung der Nachkommen über Generationen hinweg ist möglich.
- Weitere steuerliche Optimierungsmöglichkeiten im Bereich der Immobilien-Investments sind möglich.
- Die Stiftungsvorstände können weiterhin alle Geldflüsse steuern, ohne dass ihnen dieses Geld selbst gehören muss.

Fallbeispiel 4

Das Unternehmen schützen

Eine Stiftung als Vermögensschutz

Schicksalsschläge können für mittelständische, inhabergeführte Unternehmen existenzbedrohend sein. Selbst eine gute Geschäftslage ist kein Garant für die dauerhafte Präsenz am Markt. Das Fallbeispiel zeigt, wie ein »gebranntes Kind« durch eine Scheidung das eigene Unternehmen verliert und bei der Neugründung die Möglichkeiten des Vermögensschutzes einer Stiftung von Beginn an nutzt.

Er wollte das Ganze nicht mehr.

Das ganze Streben nach einem möglichst großen Vermögen. Mehr Geld anhäufen, als er je ausgeben könnte.

Das hatte er hinter sich gelassen.

Er wollte gut leben – keine Frage.

Aber er wollte keinen eigenen Besitz.

Arno Bernsmann war ein gebranntes Kind: Über Jahre hinweg hatte er ein profitables Unternehmen aufgebaut. Und am Ende hatte er alles verloren. Aus einem Grund, wie er »in den besten Familien« vorkommt.

Ein viel versprechender Start

Trotz des Schmerzes, der hinter ihm lag, erinnerte er sich gerne noch zurück. An damals, wie alles angefangen hatte. Er war jung, hatte gerade seine Lehre abgeschlossen, steckte allerdings voller Ideen und voller Tatendrang. In der Abendschule holte er sein Abitur nach und studierte berufsbegleitend Maschinenbau. Hier entstand ein Freundeskreis, der ihm später noch einmal sehr nützlich werden sollte. An einem Abend, als man um die Häuser zog, lernte er schließlich auch seine Frau kennen. Es war Liebe auf den ersten Blick. Und dass sie sich in keiner Weise für sein Studium oder seine Zukunftspläne, sondern für ihn als Person interessierte, fand er ganz wunderbar.

Eines Tages nahm er all seinen Mut zusammen. Er reservierte einen Platz im besten Restaurant der Stadt und führte Therese, seine große Liebe, groß zum Essen aus. Und dann, nach dem Hauptgang, noch bevor das Dessert bestellt war, ging er vor ihr auf die Knie.

»Willst du meine Frau werden?«, fragte er.

Ihre Augen leuchteten und sie sagte: »Ja.«

Und auch wenn seither viel geschehen und viel kaputtgegangen war, war er nach wie vor sicher: Damals war es ehrlich gemeint.

Es war ein Zeitpunkt in seinem Leben, an dem alles perfekt zu sein schien. Die Hochzeit folgte wenige Monate nach dem Antrag, seine wie ihre Eltern waren begeistert.

Mit der Eheschließung war er sicher, dass in seinem Leben nichts mehr schiefgehen konnte. Er war jung, er hatte Ideen und würde fortan für ein Einkommen sorgen, dass die Grundlage für eine eigene Familie und eine gemeinsame Zukunft sein würde.

Aus einer Idee wird ein Unternehmen

Direkt nach seinem Studienabschluss hängte er sich voll in den Aufbau seiner Firma. Seine Passion waren Fahrzeuge. Das zeigte sich bereits bei seiner Lehre zum KFZ-Mechaniker, die er aber nicht in einer Festanstellung fortsetzte. Dennoch spielten Fahrzeuge auch bei seinen weiteren Plänen eine große Rolle. Mit großer Leidenschaft suchte er Hersteller, die Speziallösungen für Fahrzeuge anboten. Je exotischer, desto besser. Er spezialisierte sich auf diese Sonderlösungen und vermittelte sie an Werkstätten und Automobilhersteller.

Schon bald hatte er sich den Ruf in der Branche erworben, für alles die passende Lösung parat zu haben. Und mit diesem Ruf stieg auch das Interesse an seinen Lösungen kontinuierlich. Bald schon musste er einen ersten Mitarbeiter einstellen, um alle Aufträge abarbeiten zu können. Größere Büros wurden angemietet und weitere Mitarbeiter eingestellt. Nach einiger Zeit, etwa nach fünf Jahren eines florierenden Geschäftes, ging Arno Bernsmann dann den nächsten Schritt: Er wurde selbst zum Hersteller.

Je länger er sich mit den Lösungen beschäftigt hatte, die es – wenn auch versteckt – am Markt gab, desto mehr fielen ihm die Lösungen auf, die noch nicht verfügbar waren. Diese Lücke wollte er schließen.

Glück im »Spiel«, Pech in der Liebe

Arno Bernsmann arbeitete zu diesem Zeitpunkt seines Lebens rund 16 Stunden am Tag. Er arbeitete so hart, wie er noch nie gearbeitet hatte. Immer wenn er abends einschlief, wachte er kurze Zeit später wieder auf, weil er wieder eine neue Idee hatte, die er unbedingt aufschreiben musste.

Er kreierte Lösungen für die Details, die bei der Entwicklung nicht weiter beachtet wurden. Als Ingenieur hatte er die Fähigkeiten, die Planungen voranzutreiben. Er scharte ein Team um sich, welches seine Ideen weiter ausarbeitete und dann gleich mit der nächsten Idee weitermachen konnte. Es war die kreativste und auch schönste Zeit in seinem Leben.

Das Ansehen seiner Firma bei Automobilherstellern wuchs stetig. Und bald schon gaben sie ihm eigene Entwicklungsaufträge. Arno Bernsmann fand die Lösungen. Und er war gut im Geschäft. Das Unternehmen florierte und er überlegte, ob er vielleicht wieder etwas kürzertreten sollte. Dann kam aber der nächste Auftrag und der nächste. Und jedes Mal fand Arno Bernsmann, dass er unbedingt dabei sein müsse. Ohne ihn lief nichts. Er holte die Aufträge rein, er entwickelte mit und nicht selten hatte er die entscheidende Idee, die einem neuen Projekt zum Durchbruch verhalf.

Seine Mitarbeiter schätzten ihn sehr. Alle sollten etwas von den Erfolgen haben. Arno Bernsmann zahlte gut und fair. Er verlangte dafür aber auch viel. Dank der guten Bezahlung gab es aber auch fast nie Probleme, wenn er Überstunden einforderte. Und das war oft der Fall.

Am liebsten arbeitete Arno Bernsmann mit jungen Leuten zusammen. Sie waren hungrig auf Erfolg und belastbar und guckten abends nicht so genau auf die Uhr, weil sie sich durch ihren Job erst einmal selbst verwirklichen wollten. Außerdem stellten sie sich nicht so häufig quer wie die erfahrenen Kräfte, die entweder in allem Probleme sahen oder nicht einfach das taten, was man ihnen sagte.

Freitags gab es immer ein »Feierabendbier«. Aus dieser Tradition entwickelte sich schließlich, dass fast jeden Freitag auch noch Pizza bestellt wurde und der Auftakt ins Wochenende zum längsten Arbeitstag der Woche avancierte.

Arno Bernsmann fühlte sich wohl. Er hatte sich ein kleines Reich geschaffen, in dem er der König war, der alles bestimmen konnte.

Und seine Frau? Die unterstützte ihn, so gut es ging, wie sie sagte. In der Praxis hieß das, dass sie ihm vor allem nicht im Weg stand. Sie beklagte sich nicht, dass er so gut wie nie zu Hause war. Dafür freute sie sich über teure Geschenke und luxuriöse Urlaube, die sie manchmal mit Arno, immer öfter aber auch allein oder mit Freundinnen unternahm.

Eines Tages – es muss irgendwann im Spätsommer gewesen sein – kam Arno Bernsmann einmal früher nach Hause. Er wollte seine Frau überraschen. Ein neuer Großauftrag war eingegangen, der das Unternehmen auf eine neue Ebene heben würde. Bernsmann machte daher ausnahmsweise einmal früh Feierabend, überraschte die gesamte Belegschaft, indem er ihnen ebenfalls frei gab, und ließ seine Sekretärin in einem Sterne-Restaurant einen Tisch reservieren. Da es mitten in der Woche war, war das auch kein größeres Problem. Auf dem Heimweg hielt er bei einem Blumenhändler an und kaufte einen riesigen Blumenstrauß.

Ohne seine Frau, so war er überzeugt, hätte er es nie im Leben so weit gebracht. Heute war der Tag, an dem er einfach einmal Danke sagen wollte.

Voller Vorfreude fuhr er die Einfahrt zu seinem Haus hinauf. Seine Frau hatte es ausgesucht und eingerichtet. Sie hatte auf jeden Fall

Geschmack, fand Arno Bernsmann. Er freute sich immer, nach Hause zu kommen, auch wenn er immer nur wenige Stunden am Tag hier verbrachte. Heute beispielsweise würde sie frühestens in drei Stunden mit ihm rechnen.

Arno Bernsmann kicherte. Das würde eine Überraschung für sie werden.

Vor seinem Haus stand ein Auto, das er nicht kannte.

Schade, ging es Bernsmann durch den Kopf.

Irgendeine Freundin schien da zu sein. Viel lieber hätte er seiner Frau die gute Nachricht allein überbracht. Aber es war nun mal, wie es war. Dann würde sie ihre Freundin halt nach Hause schicken müssen. Der heutige Tag gehörte allein ihm und seiner Frau.

Er achtete darauf, möglichst leise die Tür aufzuschließen. Ganz vorsichtig schloss er sie und schlich dann den Flur entlang. Er vermutete seine Frau in der Küche oder im Wohnzimmer. Zweimal hätte er fast schon »Überraschung« gerufen, konnte sich aber gerade noch zurückhalten.

Arno Bernsmann runzelte die Stirn. Wo konnte seine Frau nur sein?

Er stand still da und lauschte.

Da waren Geräusche.

Kicherte da jemand?

Das Ganze kam von oben.

Bernsmann schlich zurück zur Treppe und stieg sie ganz leise empor. Die Stufen waren aus Marmor. So musste er nicht etwa auf knarrende Stufen oder Ähnliches achten. Im oberen Stockwerk angekommen, sah er, dass die Tür zum Schlafzimmer angelehnt war. Ganz klar: Die Geräusche kamen von dort.

Was geht hier vor?, ging es Arno Bernsmann durch den Kopf, während er weiter durch den Flur schlich.

Da war doch nicht nur ein Kichern. Ohne Zweifel: Das war ein lustvolles Stöhnen!

Er hatte die Tür zum Schlafzimmer jetzt erreicht. Durch den schmalen Spalt waren die Geräusche nun unzweifelhaft.

Bernsmann konnte es nicht glauben.

Wut stieg in ihm empor.

Er presste die Lippen aufeinander und kniff die Augen zusammen.

Er sammelte sich einen Moment.

Dann stieß er mit einem Ruck die Tür auf.

»Was geht hier vor?«, rief er laut.

Seine Frau saß aufrecht im Bett und versuchte ihre Blöße mit der Decke zu verdecken.

»Arno!«, kreischte sie panisch. »Was machst du denn … Es ist …«

»Sag jetzt nicht, es ist nicht so, wie es aussieht, Therese!«, brüllte er. Er sah rot vor Zorn. Der Liebhaber seiner Frau versteckte sich unter der Decke. Ein lächerlicher Versuch.

Mit zwei Schritten war Bernsmann am Bett, die Blumen hatte er einfach auf den Boden fallen lassen. Er packte die Decke und riss sie mit einem Ruck herunter.

Darunter kam Peter zum Vorschein. Ein langjähriger Freund der Familie. Nebenbei ebenfalls verheiratet.

»Du?«, stieß Arno hervor.

»Arno«, versuchte Peter ihn zu beruhigen. Der wollte sich aber gar nicht beruhigen. Er packte Peter an den Schultern und riss ihn – nackt, wie er war – nach oben.

»Was fällt dir ein!«, brüllte er und versetzte seinem vermeintlichen Freund einen Stoß in Richtung Tür. Peter fiel der Länge nach in den Flur, versuchte sich aufzurappeln, erntete allerdings den nächsten Tritt, der ihn ein Stück nach vorne fallen ließ.

»Arno!«, kreischte Therese im Hintergrund.

Arno Bernsmann achtete gar nicht darauf, sondern schritt Peter hinterher.

»Tu ihm nichts«, flehte Therese.

Peter kam mehr schlecht als recht auf die Beine und ergriff die Flucht.

Arno beschleunigte seinen Schritt.

Peter rannte die Treppe nach unten.

Therese versuchte Arno am Arm zu packen und festzuhalten, doch er schüttelte sie unwirsch ab.

Peter reichte diese kurze Verzögerung, um aus der Haustür zu fliehen. Er war immer noch nackt. Fast schon hätte Arno Bernsmann darüber lachen müssen. Denn seine Autoschlüssel dürfte Peter so wie er war auch nicht dabeihaben. Doch Arno war viel zu aufgebracht, als jetzt an irgendetwas Fröhliches zu denken. Er sprang ebenfalls die Treppe hinab und warf die Tür ins Schloss. Aus dem Schlamassel sollte Peter sich selbst befreien.

Arno ging wieder nach oben.

»Arno, lass dir doch erklären …«

Er beachtete seine Frau nicht, sondern holte einen Koffer aus dem Kleiderschrank. Den warf er auf das Bett und öffnete ihn.

»Arno! Was tust du da?«

Er öffnete die Schrankseite von Therese und begann wahllos Kleidungsstücke von ihr in den Koffer zu werfen.

»Arno! Das kann nicht dein Ernst sein!«

Er machte weiter.

»Arno! Jetzt hör auf damit!«, schrie sie und fing den nächsten Schwung Kleider ab. Sie hatte Tränen in den Augen.

Er hatte kein Mitleid.

»Pack deine Sachen und verschwinde von hier«, sagte er kalt.

»Und zieh dir endlich etwas an.«

Der Untergang

»Das kann einfach nicht wahr sein!«

»Nun, Sie müssen bedenken, dass Sie keinen Ehevertrag haben.«

»Aber das kann nicht wahr sein!«

Arno Bernsmann war fassungslos. Er saß bei seiner Anwältin, um die Scheidung in die Wege zu leiten. Und nun hatte die ihm eröffnet, dass seine Noch-Frau ein Anrecht auf die Hälfte von allem hatte.

»Sie hat nichts zu alldem beigetragen!«, beharrte Bernsmann.

»Das mag ja sein«, versuchte die Anwältin ihren Mandanten zu beruhigen. »Aber so ist nun mal das Recht. Die Ehe ist eine Zugewinngemeinschaft. Und wenn es keine anderen Regelungen gibt, hat sie ein Anrecht auf die Hälfte.«

Es stimmte schon. Arno Bernsmann hatte seinerzeit keinen Ehevertrag abgeschlossen. Wozu auch. Er hatte ja nichts. Und ein zukünftiges Vermögen war wohl kaum zu schützen. Außerdem hatte er nie gedacht, dass seine Ehe einmal so auseinandergehen würde. So wie er es betrachtete, hatte er mit Therese eine gute Ehe geführt. Gut, er war zuletzt nicht so häufig da gewesen. Aber war das direkt ein Grund, untreu zu werden?

»Und was machen wir jetzt?«, fragte er matt.

»Am Mittwoch ist ja erst mal der Termin mit der gegnerischen Partei«, stellte die Anwältin fest. »Dort werden wir versuchen, einen Vergleich zu erwirken.«

Die Atmosphäre im Raum war frostig. Arno Bernsmann saß mit seiner Anwältin bereits am Verhandlungstisch, als Therese mit ihrem Anwalt den Raum betrat. Er sollte ein ganz schön harter Hund sein, wie seine Anwältin ihm vorab erklärt hatte. Ein Fachanwalt, der sich auf Scheidungen spezialisiert hatte und dabei immer versuchte, so viel wie möglich aus den Ehemännern der gegnerischen Seite herauszupressen.

»Hallo Therese«, sagte er.

Therese blickte nur finster.

»Ich denke, es ist das Beste, wenn die Anwälte das Reden übernehmen«, sagte der Anwalt.

Arnos eigene Anwältin verdrehte die Augen. Nicht ganz der Einstieg, den sie erhofft hatte.

»Wir bieten Ihrer Mandantin das Haus und die Hälfte der gemeinsamen Sparbücher und Aktienanlagen«, sagte Bernsmanns Anwältin.

Der Anwalt von Therese lachte auf. »Das soll ja wohl ein Witz sein.«

Therese blickte kalt, Arno merkte, wie Wut in ihm emporstieg, doch er hielt sich zurück.

Seine Anwältin übernahm die Antwort: »Unser Angebot umfasst den wesentlich größeren Teil des Privatvermögens.«

»Die Firma ist wesentlich mehr wert«, erwiderte der Anwalt.

»Aber die Firma geht sie nichts an!«, blaffte Arno Bernsmann.

»Bitte mäßigen Sie Ihren Mandanten«, sagte der Anwalt.

Die Anwältin machte eine beschwichtigende Handbewegung. »In der Firma ist das Geld gebunden.«

»Das ist nicht unser Problem.«

»Es wird kaum möglich sein, die Hälfte des Unternehmenswertes aus der Firma zu ziehen, ohne dass sie großen wirtschaftlichen Schaden nimmt.«

»Das ist nicht unser Problem!«

»Aber …«

Der Anwalt stand auf. »Ich denke nicht, dass wir hier zu einer zufriedenstellenden Einigung für meine Mandantin kommen. Kommen Sie, Frau Bernsmann.«

Therese stand auf und ging zur Tür.

Arno sprang ebenfalls auf und hielt sie in der Tür am Arm zurück.

»Lass mich los!«, sagte sie.

»Therese, wieso machst du das? Du weißt, dass viele Arbeitsplätze an der Firma hängen.«

»Das hättest du dir überlegen sollen, bevor du mich rausgeworfen hast!«

»Lassen Sie meine Mandantin los!«

Dann war Therese mit ihrem Anwalt verschwunden.

Therese blieb hart. Sie bestand darauf, die Hälfte von allem zu erhalten. Der Unternehmenswert wurde geschätzt und die Summe ermittelt, die ihr zustand. Jetzt erwies sich der große Vertragsabschluss, den Arno Bernsmann eigentlich mit seiner Frau hatte feiern wollen, als Nachteil. Denn dadurch fiel die Bewertung der Firma noch höher aus, als sie ohnehin bereits gewesen wäre.

Arno Bernsmann saß in seinem Büro und war ein gebrochener Mann. Immer wieder war er mit seiner Anwältin, seiner Steuerberaterin und seinem kaufmännischen Leiter alles durchgegangen.

»Und wenn wir das Personal reduzieren?« Arno Bernsmann knetete seine Unterlippe.

»Wie viel Personal willst du denn reduzieren«, fragte der kaufmännische Leiter sarkastisch. »Das Problem sind außerdem nicht nur die Personalkosten, sondern vor allem die Liquidität. Wenn du deine Alte nicht wieder in die Spur bringst, war es das mit der Firma.«

Arno Bernsmann stand auf und ging einmal im Raum herum. »Danke Hermann. Du kannst jetzt gehen.«

Der kaufmännische Leiter blickte verdutzt: »Aber ...«

»Es gibt kein ›Aber‹, Hermann. Das ist genau das, was sie wollte. Wir werden keine Lösung finden.«

»Du kannst sie doch nicht so einfach davonkommen lassen.«

»Geh jetzt bitte, Hermann.«

Neuanfang

Jetzt stand er da: Ein Mann in den »besten Jahren«, voller Tatkraft und Ideen. Er war zu lange »kleiner König« in seinem eigenen Betrieb gewesen, um jetzt als »großer Knecht« in irgendeinem Unternehmen zu dienen. Wenn sie ihn dort überhaupt haben wollten. Er hätte Spaß daran, etwas Neues aufzubauen – und durch die Liquidierung seines alten Unternehmens hätte er sogar das Kapital dafür. Doch einen neuerlichen Verlust des hart Erarbeiteten würde er nicht überstehen.

Es war bei einem Abendessen in seinem Lieblingsrestaurant. Gut bürgerlich und bodenständig, aber auf hohem Niveau – so wie er selbst war. Florian Darnstedt hatte ihn eingeladen. Ein guter Freund, der meinte, Arno Bernsmann käme seit der Scheidung zu wenig aus dem Haus. Vielleicht hatte er Recht, doch das war nicht sein drängendstes Problem.

»Du solltest mal wieder was Neues anfassen. Irgendwas Neues schaffen. Deine Geschäftsführung war doch geradezu virtuos«, sagt Darnstedt.

»Geführt hat sie zu nichts«, sagt Bernsmann bitter.

Sein Freund winkt ab. »Hatte doch nichts mit dir zu tun.« Er trank einen Schluck Rotwein. »Dein Talent kannst du doch nicht einfach so verschwenden.«

»Dann kommt die Nächste und ich verliere wieder alles.«

Der Freund verdrehte die Augen. »Mach halt einen Ehevertrag. Außerdem musst du ja nicht gleich heiraten.«

»Dann kommt meine Ex und erhebt Ansprüche, sobald ich was Neues aufgebaut habe. Irgendwas fällt der schon ein. Im Geldausgeben war die schon immer gut. Vor allem, wenn ich es bezahle.«

Das Essen verlief eine ganze Weile schweigend weiter. Schließlich griff Arno Bernsmann den Gesprächsfaden doch noch einmal auf. »Es müsste eine Möglichkeit geben, etwas aufzubauen, das sich für mich auszahlt, das groß wird, ohne dass es mir aber direkt gehört.«

Der Freund lachte. »Aber die gibt es doch!«

»Sehr witzig«, sagte Bernsmann.

»Ich mache keine Witze«, beteuerte Florian Darnstedt.

Arno Bernsmann wurde neugierig. »Was meinst du?«

Der Freund lehnt sich zurück. »Ich habe eine Bekannte, die hatte genau die gleichen Bedenken wie du. Naja, ähnliche. Also … ist ja auch egal. Auf jeden Fall hat die eine Stiftung gegründet.«

»Ich will keine Kindergärten finanzieren.«

»Musst du ja auch gar nicht. Eine Stiftung ist nicht per se gemeinnützig.«

»Ich verstehe immer noch nicht ganz, was du meinst«, gab Arno Bernsmann zu und griff zu seinem Rotweinglas. »Wie soll mich denn eine Stiftung weiterbringen?«

Florian Darnstedt steckte sich ein Stück Brot in den Mund und lachte einmal kurz auf.

»Ganz einfach«, sagte er. »Eine Stiftung gehört niemandem, sondern folgt ihrem eigenen Zweck. Gehört dein Unternehmen nun der Stiftung, ist es sicher geschützt. Und wenn du der Begünstigte der Stiftung bist, profitierst du von den Erträgen des Unternehmens, aber niemand kommt an das Unternehmen heran.«

Arno Bernsmanns Interesse war nun völlig entflammt. »Das klingt super. Erzähl mir mehr davon!«

Florian Darnstedt hob abwehrend die Hände. »Sorry Arno, aber das war im Grunde alles, was ich davon weiß«, sagte er. »Ich kann dir aber gerne den Kontakt zu dem Stiftungsberater vermitteln, der meine Bekannte damals beraten hat.«

»Sehr gern«, sagte Arno Bernsmann. Sein Essen schmeckte ihm plötzlich viel besser.

»Ich kenne solche Fälle wie Ihren. Ja. Da sind Sie kein Einzelfall. Das kommt öfter vor, als Sie denken.« Der Stiftungsberater kam um seinen

Schreibtisch herum, um Arno Bernsmann die Hand zu schütteln. Danach legte er denselben Weg mit einem Stapel Papieren in der Hand in die entgegengesetzte Richtung zurück und ließ sich in seinen Bürostuhl fallen. »Um ehrlich zu sein: Der Schutz des Vermögens ist einer der Hauptgründe für die Gründung einer Stiftung.«

»Bitte setzen Sie sich«, forderte er Arno Bernsmann auf.

Bernsmann ließ sich in den bequemen Bürostuhl fallen, der sich eher wie ein Sessel anfühlte, und lauschte den weiteren Ausführungen. »Ich bin jetzt seit zehn Jahren Stiftungsberater und Sie können mir glauben, dass ich schon so ziemlich alles gesehen habe. Mann trennt sich von Frau, Frau trennt sich von Mann, am Ende leidet immer sowohl die eigene finanzielle Situation als auch die der Familie darunter, stimmt's?«

»Ich denke nicht, dass die finanzielle Situation meiner Frau darunter gelitten hat«, sagte Arno Bernsmann trocken.

Der Stiftungsberater presste seine Lippen aus Mitgefühl aufeinander. Ja, er hatte schon mehrere solcher Menschen voller Sarkasmus vor sich sitzen gehabt. »Ich glaube, dass ich Ihren Schmerz verstehen kann. Was halten Sie davon, dass wir beide jetzt zusammen prüfen, wie wir so etwas in der Zukunft vermeiden können?«

Arno Bernsmann nickte und atmete tief durch. Er wusste, dass er die Vergangenheit ohnehin nicht mehr ändern konnte.

Der Stiftungsberater blickte auf seine Papiere. »Es geht Ihnen also darum, Ihr Unternehmen mithilfe einer Stiftung zu schützen.«

»Mein neu zu gründendes Unternehmen«, ergänzte Bernsmann.

Der Stiftungsberater blickte auf. »Eine Neugründung? Umso besser. Allerdings dachte ich, Sie seien bereits Unternehmer.«

»Ich war Unternehmer. Bis zur Scheidung.« Arno Bernsmanns Verbitterung in der Stimme konnte man nicht überhören.

»Wie gesagt, eine Neugründung ist noch besser und macht das Ganze noch viel klarer«, entgegnete der Stiftungsberater, der nicht noch mehr Salz in die Wunde streuen wollte und stattdessen lieber tröstende Worte wählte. »Das gibt uns hervorragende Möglichkeiten, das Stiftungsvermögen gering zu halten. Das wird sich hinterher doppelt und dreifach für Sie auszahlen.«

Arno Bernsmann war Unternehmer, Geschäftsführer, Techniker, Visionär, Lösungssucher – aber wie eine Stiftung jetzt genau sein Problem lösen sollte, hatte er noch nicht verstanden. Anmerken lassen wollte er sich das aber nicht. Daher fragte er ganz allgemein: »Wie würde das Ganze denn eigentlich ablaufen?«

»Nun, Sie müssen sich das so vorstellen: Eine Stiftung ist wie eine eigenständige Person mit einem Vermögen, das einem bestimmten Zweck dient. Das wissen Sie sicherlich schon, oder?« Der Stiftungsberater machte eine kurze Pause und schien auf eine kurze Bestätigung von Bernsmann zu warten. Arno Bernsmann versuchte sich an das Gespräch mit seinem Freund Florian zu erinnern. »Ja und nein. Das mit dem Zweck ist mir noch nicht klar – und auch nicht, wie so eine Stiftung entsteht.«

»Kein Problem, dafür bin ich ja da. Diese Thematik erfordert etwas Umdenken im Kopf. Also, ein Schritt nach dem anderen: Den Zweck der Stiftung legt der Stifter fest. Das sind in diesem Falle ja Sie: Arno Bernsmann. Das Vermögen, das Sie als Stifter stiften, gehört dann nicht mehr Ihnen, sondern der Stiftung. Hier ist es dann vor den Zugriffen Dritter«, er nickte einmal zu Arno Bernsmann herüber, »zum Beispiel einer ehemaligen Ehefrau, geschützt.«

»Aber mir gehört das Vermögen dann doch auch nicht mehr«, meinte Bernsmann.

»Das stimmt, und genau das meine ich mit dem ›Umdenken im Kopf‹. Denn: Wenn Ihnen Ihr ehemaliges Vermögen stets zu Diensten ist, der Stiftung, die Sie lenken, nicht weggenommen werden kann: Muss es dann unbedingt Ihnen gehören?«

Arno Bernsmann dachte nach.

»Das Vermögen gehört Ihnen nicht mehr, aber es dient Ihnen. Und genau das ist die Kernaufgabe eines Vermögens, oder? Vorausgesetzt natürlich, dass wir bei der Formulierung des Stiftungszwecks alles richtig machen.« Der Stiftungsberater lächelte, als er zusah, wie sich das Gesicht von Bernsmann langsam aufhellte. »Und keine Sorge. Wir werden natürlich alles richtig machen. Dafür bin ich ja da.«

Für Arno Bernsmann hörte sich das alles schon irgendwie schlüssig an, aber trotzdem hatte er noch ein Grummeln im Bauch. Er sollte einfach so einen Teil seines Vermögens abgeben? »Ich will aber kein Vermögen einbringen, sondern ein Unternehmen.«

Der Stiftungsberater blickte auf. »Ein Unternehmen ist ein Vermögen. Das wissen Sie doch jetzt – leider aus unschönen Gründen – am besten.«

Der Berater hatte Recht. Ein Unternehmen war ein Vermögenswert. Und dieser wurde in seinem Fall auch tatsächlich in zwei Hälften aufgeteilt. Aber das Unternehmen in der Stiftung? Wie sollte das gehen?

»Sie meinen also, dass ich die Geschäftsanteile des Unternehmens in die Stiftung einbringe.«

»Das wäre eine Möglichkeit, allerdings …«

»Aber dann würde das Unternehmen ja nicht mehr mir, sondern der Stiftung gehören. Ich könnte dann ja noch nicht einmal Anteile verkaufen, um einen Investor an dem Unternehmen zu beteiligen.«

»Deswegen würde ich es Ihnen auch nicht empfehlen«, sagte der Stiftungsberater.

»Was denn nun? Also doch keine Stiftung für das Unternehmen?«

Der Stiftungsberater schmunzelte. Er fand es spannend, wie schnell das Thema »Stiftung« Emotionen hochkochen ließ und wie viele wichtige Details es da zu beachten gab, damit die Stiftung und deren Gründung auch genau zu der Person passte, die da jeweils vor ihm saß.

»Wir müssen das Ganze einmal genauer betrachten, vor allem unter folgendem Aspekt: Das Stiftungsvermögen darf selbst nicht verwendet werden, sondern muss erhalten bleiben. Nur die Erträge lassen sich für den Stiftungszweck einsetzen.«

Arno Bernsmann sagte erst einmal nichts, sondern hörte dem Stiftungsberater zu.

»Es ist also von Vorteil, wenn Sie ein kleines Stiftungsvermögen und große Erträge haben. Schauen wir noch einmal genauer auf das Unternehmen: Werden 100 Prozent der Geschäftsanteile eingebracht, dann sind diese Geschäftsanteile das Stiftungsvermögen. Das Stiftungsvermögen muss erhalten bleiben, also ist das Unternehmen in diesem Fall unverkäuflich. Denn der Verkauf eines einzigen Anteils würde das Stiftungsvermögen mindern.«

»Das ist aus unternehmerischer Sicht ja eine katastrophale Konstellation, wenn die Firma wachsen soll«, meinte Arno Bernsmann.

Der Stiftungsberater bat mit einer Handbewegung um Geduld. »Die Geschäftsanteile haben allerdings auch einen bestimmten Wert. Diesen Wert kann ich ebenfalls als Stiftungsvermögen einbringen. So bleiben die Anteile selbst verkäuflich, sofern der Wert der Firma erhalten bleibt.«

»Das klingt schon besser.«

»Nun komme ich zurück zum Beginn unseres Gesprächs, an dem ich meinte, dass ein neues Unternehmen uns viel bessere Möglichkeiten bietet als ein bestehendes. Denn am Beginn seiner Unternehmensgeschichte ist ein Unternehmen ja noch recht wenig wert. Entsprechend gering muss auch das Stiftungsvermögen sein. Selbst wenn das Unternehmen dann beachtlich wächst, muss lediglich dieser vergleichsweise kleine Betrag erhalten bleiben, während Sie den großen Rest für den Stiftungszweck einsetzen können.«

Arno Bernsmann war still geworden. Langsam verstand er die Stellschrauben beim Stiftungsvermögen. Eine Stiftung schien genau die richtige Lösung zu sein für sein noch vor kurzem unlösbares Problem und seine hoffnungslose Lage. Würde er damit doch noch eine Chance bekommen, sein Leben in Wohlstand und Freiheit leben zu können, ohne dass Nutznießer davon unberechtigterweise profitierten?

Ein Unternehmen in der Stiftung

Arno Bernsmann telefonierte viel in den folgenden Wochen. Er ließ alte Kontakte wiederaufleben, stellte ein Team zusammen, das er einstellen wollte, und schaute sich um, ob sein Geschäftsmodell noch funktionieren würde. Die Ergebnisse waren vielversprechend. Viele seiner alten Kunden sicherten ihm zu, wieder mit ihm zusammenarbeiten zu wollen. Sie hatten es ohnehin sehr bedauert, dass sein Unternehmen liquidiert wurde.

Jetzt zahlte sich aus, dass Bernsmann mit seiner Geschichte sehr offensiv und offen umgegangen war. Er hatte seinen Kunden die Hintergründe erklärt, wieso es zur Geschäftsauflösung kommen musste. Die Offenheit, die ihm jetzt entgegengebracht wurde, überraschte ihn dennoch. Und sie freute ihn. Denn sie bewies ihm, dass er seine Arbeit gut gemacht hatte und nach wie vor von seinen alten Kunden geschätzt wurde.

Nach vier Wochen hatte er den Businessplan für sein Unternehmen aufgestellt. Er wollte wieder eine GmbH gründen, deren Wert dann in die Stiftung eingebracht werden sollte. Hierzu traf er sich erneut mit dem Stiftungsberater.

Die beiden Männer begrüßten sich freundlich und Außenstehende hätten meinen können, dass sie sich seit Jahren kennen würden. »Na, ich dachte schon, Sie sehe ich nicht mehr wieder«, sagte der Stiftungsberater. »Aber ich sehe, Sie waren fleißig in der Zeit.«

Arno Bernsmann konnte inzwischen wieder lachen. Die letzten Wochen hatten ihm gut getan. »Es muss schließlich alles gut vorbereitet sein.«

»Hier sind wir einer Meinung. Wie sieht es denn jetzt konkret aus?«

Arno Bernsmann berichtete ihm, dass er die Unternehmensgründung ausreichend weit vorbereitet hatte. Er müsste lediglich noch das Gewerbe beantragen und dann die Leute einstellen. Das Team stünde aber bereits.

»Nun, das Team ist für mich nicht so entscheidend«, erklärte der Stiftungsberater. »Es geht um den Firmenwert, den wir bilanzieren können.«

Arno Bernsmann nannte die Summe.

»Das ist gut«, sagte der Stiftungsberater. »Die Unternehmensanteile sollten bald schon deutlich im Wert steigen. Dann haben Sie auch die notwendige unternehmerische Flexibilität, um eventuelle Investoren an Ihrem Unternehmen zu beteiligen.«

»Das ist ja schließlich auch das Ziel«, stellte Bernsmann sachlich fest.

»Wir müssen noch entscheiden, welche Stiftungsform Sie wählen wollen.«

»Welche gibt es denn?«, fragte Bernsmann.

Der Stiftungsberater atmete einmal tief durch. »Es gibt zwei verschiedene Formen. Die erste ist die selbstständige Stiftung, die wie eine eigenständige Rechtsperson agiert. Die zweite Form ist die Treuhandstiftung. Hier wird lediglich ein Vermögen gestiftet und ein Stiftungsvertrag zwischen dem Stifter und dem Treuhänder geschlossen.«

»Welche Form empfehlen Sie?«

»Nun, man muss sehen, welche Vor- und Nachteile die beiden Modelle mit sich bringen«, erklärte der Stiftungsberater. »Die selbstständige Stiftung muss von der Stiftungsbehörde genehmigt werden. Außerdem sind verschiedene Verwaltungsaufgaben zu tätigen, um unter anderem die Erfüllung des Stiftungszwecks nachzuweisen. Die Treuhandstiftung ist vom organisatorischen Aufwand sehr viel einfacher. Sie geben die Verwaltung ganz an den Treuhänder ab, der die Wahrung des Stiftungszwecks garantiert. Da keine Genehmigung von der Stiftungsbehörde notwendig ist, ist die Gründung einer Treuhandstiftung außerdem sehr viel schneller realisierbar.«

Arno Bernsmann dachte nach, was er in den kommenden Wochen noch alles würde tun müssen. »Wenig organisatorischer Aufwand wäre gut. Ich werde sehr mit dem Aufbau des Unternehmens beschäftigt sein.«

So kam es dann auch: Der Stiftungsberater veranlasste alles für die Gründung der Treuhandstiftung, Arno Bernsmann gründete sein neues Unternehmen und brachte den Wert der Unternehmensanteile als Vermögen ein. Wenn das Unternehmen groß genug war, wollte er die Stiftung zu einer selbstständigen Stiftung machen. Aber das hatte erst einmal Zeit. Bernsmann hatte auch so alle Hände voll zu tun und freute sich riesig, dass es endlich losging.

Er stellte die Leute ein, die er vorab ausgewählt hatte, und mietete sich in einem geräumigen Büro in einer sehr anspruchsvoll und ansprechend umgestalteten Industriebrache ein. Die ersten Wochen vergingen in einem Findungsprozess, in dem alle Abläufe des gemeinsamen Arbeitens definiert wurden. Danach ging es direkt los, denn einer von Bernsmann alten Kontakten hatte der Firma ihren ersten Großauftrag gebracht. Alle legten los und achteten nicht so genau auf den Feierabend. Sie zog mit, dass der Chef selbst sich nicht schonte, richtig mit anpackte und stets der Letzte war, der ging, egal wie viele Überstunden seine Mitarbeiter auch gemacht hatten.

Arno Bernsmann blühte auf. Er war wieder dort, wo er sein wollte. Und diesmal würde es ihm niemand wegnehmen können.

Ein Gruß aus der Vergangenheit

Das noch junge Unternehmen wuchs stetig. Genauso, wie Arno Bernsmann es vorgesehen hatte. Bald schon gewann es deutlich an Wert. Einige wenige Unternehmensanteile reichten inzwischen aus, um das Stiftungskapital im Gegenwert zu decken.

»Ich muss mit dir reden«, sagte Hermann eines Tages. Hermann war wieder kaufmännischer Leiter des Unternehmens. Er hatte den Job, den er nach der Liquidierung des alten Unternehmens gefunden hatte, wieder gekündigt, nur um wieder für Arno Bernsmann arbeiten zu können. Der dankte es ihm, indem er ihm sein volles Vertrauen schenkte und sein Ohr lieh, wenn Hermann danach verlangte.

So auch jetzt: »Dann komm nur rein.« Arno Bernsmann legte ein paar Dokumente in ein Ablagefach und stand auf, um an seinen Besprechungstisch zu gehen. Hermann löste sich vom Türrahmen, an den er sich bei seiner Anfrage gelehnt hatte, und kam ebenfalls zum Tisch.

Arno Bernsmann blickte erwartungsvoll. »Was gibt es denn?«

Hermann strahlte. »Du wirst es nicht glauben, aber ich habe gerade ein unglaubliches Angebot erhalten«, sagte er mit einem verschmitzten Lächeln.

»Was für ein Angebot?« Arno Bernsmann saß wie auf glühenden Kohlen. Wollte Hermann etwa das Unternehmen verlassen? »Nun sag schon.«

»Die Meyer-Gruppe will sich bei uns einkaufen. Mit 25,1 Prozent der Anteile.« Hermann blickte erwartungsvoll. »Das ist aber natürlich alles noch Verhandlungssache.«

Arno Bernsmann konnte seine Freude auch nicht verbergen. »Unfassbar«, murmelte er. Die Meyer-Gruppe war in ihrer Sparte der

Platzhirsch. Die Firma von Arno Bernsmann konnte sich vor allem durch die eigene Kreativität gegen dieses riesige, international agierende Firmengeflecht behaupten. Ein Teil dieser Gruppe zu werden, eröffnete neue Märkte, von denen Arno Bernsmann nicht zu träumen gewagt hätte. Die Nachricht war wie ein Lottogewinn und würde die neue Firma von Arno Bernsmann noch weit größer werden lassen, als es das alte Unternehmen jemals war.

»Das müssen wir feiern«, sagte er fröhlich.

Es war ein freundlicher Sommertag, als Arno Bernsmann am frühen Abend in einen Biergarten ging. Er schaute suchend umher. Schließlich entdeckte er, wen er suchte. Ein Mann war von einer Bierzeltgarnitur aufgestanden und winkte in seine Richtung. Es war Florian Darnstedt.

»Gut siehst du aus«, begrüßte Darnstedt Bernsmann. Sie umarmten sich kurz.

»Ich fühle mich auch gut«, gab Bernsmann zurück. Er setzte sich auf die andere Seite des Tisches, sodass er seinem Freund genau gegenübersaß. Bei der Bedienung bestellte er sich ein Weißbier.

»Dein neues Unternehmen ist ja ziemlich durch die Decke gegangen«, sagte Florian Darnstedt.

»Ja, der Deal mit der Meyer-Gruppe hat uns noch mal so richtig Schub gegeben. Wir spielen jetzt bei den Großen mit.«

»Sehr schön. Das freut mich für dich.«

»Das Wichtigste ist allerdings, dass der Schutz durch die Stiftung funktioniert.«

»Wie meinst du das?« Florian Darnstedt war wirklich interessiert.

»Naja, der Anwalt meiner Ex hat bei meinem Stiftungstreuhänder angeklopft.«

»Wieso denn das? Ihr seid doch jetzt schon seit Jahren geschieden.«

Arno Bernsmann lachte bitter. »Das interessiert die doch nicht.« Dann hatte er sich wieder gefangen.

»Das ist doch unfassbar«, rief Florian Darnstedt fassungslos aus. »Was hat die denn da für einen Winkeladvokaten!«

»Den schlimmsten von allen«, schmunzelte Arno Bernsmann. Inzwischen konnte er darüber lachen. Vor allem auch, weil er mit der

Stiftung ein wirksames Mittel gegen Angriffe dieser Art gefunden hatte. Er nahm einen großen Schluck aus seinem Weißbierglas. Dann sprach er weiter: »Auf jeden Fall konnte ihr der Anwalt zwischenzeitlich klarmachen, dass bei mir nichts mehr zu holen ist. Denn Eigentümerin des Unternehmens ist die Stiftung. Ich selbst bekomme nur die finanzielle Zuwendung, die ich zum Leben benötige.«

Er lachte noch einmal.

»Mann, ist es schön, anstelle von Eigentum ein dienendes Vermögen zu haben!«

Vorteile einer Familienstiftung aus diesem Fallbeispiel:

- Bei einer Scheidung wird das Unternehmen nicht gespalten, da es weder dem Ehemann noch der Ehefrau gehört.
- Schutz des Vermögens durch gänzliche Trennung von Person und Stiftung.
- Je früher eine Stiftung als Fundament in das finanzielle Gesamtkonstrukt mit eingebunden wird, desto besser, klarer und lukrativer.
- Nur das für den aktuell benötigten Lebensunterhalt benötigte Geld kann flexibel ausgeschüttet werden zum optimierten Steuersatz.
- Gegebenenfalls existierende Freigrenzen / Obergrenzen können eingehalten werden.
- Das Vermögen durch eine Stiftung zu schützen birgt tendenziell weniger Diskussion und Verwerfung als die Gestaltung eines Ehevertrages.

Fallbeispiel 5

Vom Unternehmen zur Stiftung

Eine Stiftung als Holding

Das eigene Unternehmen ist das Lebenswerk jedes Unternehmers. Unzählige Stunden fließen in die Firma, um die Geschäfte am Laufen zu halten. Krisen werden überstanden, strategische Entscheidungen getroffen. Wohl jeder möchte sein Lebenswerk sicher bewahrt wissen, auch wenn irgendwann der Zeitpunkt zum Ausstieg gekommen ist. Das Fallbeispiel zeigt, wie das mit einer Stiftung möglich ist.

Elisabeth Friedmann konnte nicht von sich behaupten, ein Selfmade-Mensch zu sein.

Das war ihr Vater gewesen.

Es störte sie allerdings auch nicht sonderlich.

Denn sie war es gewesen, die den kleinen elterlichen Betrieb zu dem gemacht hatte, was er heute war: ein Firmengeflecht, das europaweit agierte und kurz vor dem Sprung zum Markteintritt in Übersee stand.

Das war ihr Verdienst.

Das war ihr Lebenswerk.

Anfänge als kleiner Lebensmittelhändler

Elisabeth Friedmann saß in ihrem Büro, war in ihrem Stuhl eingesunken und hatte die Fingerspitzen aneinandergelegt. Die Spitzen ihrer Zeigefinger berührten ihre Oberlippe. Sie schaute nach draußen in das nasskalte Wetter.

Es regnete.

Dennoch herrschte auf dem Betriebshof ein reges Treiben. LKW kamen und fuhren wieder ab, wurden entladen und neu befüllt, um dann direkt auf ihre nächste Reise zu gehen.

Timing war wichtig.

Geschwindigkeit ebenso.

Die Prozesse mussten ineinandergreifen wie die Zahnrädchen eines Uhrwerks.

Friedmann wendete sich ab. Sie drehte sich mit ihrem Bürostuhl zurück zu ihrem Schreibtisch. Ihr Blick fiel dabei auf die gegenüberliegende Wand, an der einige vergilbte Fotografien hingen. Ordentlich gerahmt – verstand sich. Auf den Bildern war der Vater von Elisabeth Friedmann zu sehen – Alois Friedmann. In verschiedenen Situationen, aber irgendwie immer vor dem Geschäft oder in irgendeiner Weise im Zusammenhang mit dem Geschäft.

Elisabeth Friedmann schaute gern auf die Fotografien. Sie erinnerten sie daran, was man alles schaffen konnte mit der notwendigen Portion Mut, Kreativität, Durchhaltevermögen und Beharrlichkeit.

Alois Friedmann war ein Kind einer vergangenen Generation gewesen. In den 1920er Jahren geboren, wuchs er in einer politisch instabilen Zeit auf, in der Entbehrungen mit dazugehörten – zumindest in der Arbeitersiedlung, in der er aufgewachsen war.

Er hatte den Nationalsozialismus komplett miterlebt und musste in den Krieg ziehen. So wie alle aus seiner Generation.

Und so wie alle aus seiner Generation, die das Glück hatten, die Kriegswirren zu überleben, stand auch er vor dem Nichts.

Alois Friedmann war damals gerade einmal 23 Jahre alt. In dem Alter, in dem einem eigentlich die Welt zu Füßen liegt und in dem man anfängt, das Leben zu gestalten.

Der Krieg hatte Alois Friedmann schnell erwachsen werden lassen. Viel früher, als es in der heutigen Zeit der Fall ist. Allerdings war es auch eine Zeit, die Chancen schuf. Chancen, etwas aufzubauen und etwas zu erschaffen.

Es war der Drang zu überleben, gekoppelt mit einer bedeutenden Portion an wirtschaftlichem Geschick, der Alois Friedmann antrieb. In der Zeit, in der das Essen mit Lebensmittelmarken rationiert wurde, machte er sich auf den Weg aufs Land – zu Fuß, wie er in späteren Jahren immer wieder gern erzählte. Dort klapperte er die Bauernhöfe ab und erwarb an Lebensmitteln, was er bekommen konnte.

Es war die Zeit, in der Geld nicht viel wert war. Tauschgeschäfte waren an der Tagesordnung. Und Alois Friedmann war ein begnadeter Händler, der viele Geschäfte zu seinen Gunsten abschloss. So gelang es ihm, die wirre Phase gut zu überstehen. Als dann schließlich die Bundesrepublik gegründet wurde und es zur Währungsreform kam, hatte Alois Friedmann sich, ganz ohne es ursprünglich bewusst zu wollen, bereits ein Lieferantennetzwerk aufgebaut.

Er setzte seinen Weg fort, bezog gute Waren und eröffnete ein kleines Lebensmittelgeschäft. Immer noch zog er regelmäßig aus, um die Landwirte persönlich davon zu überzeugen, ihm ihre besten Waren zu verkaufen. Die lachten über ihn. Denn in einer Zeit des Mangels musste die Ware nicht erstklassig sein, um verkauft zu werden. Sie ließen sich auf den sonderlichen Wunsch ein und so erwarb sich Alois Friedmann den Ruf, dass es bei ihm nicht nur immer eine besonders große Auswahl an frischen Lebensmitteln gab, sondern dass es bei ihm auch die besten Lebensmittel gab.

Das Geschäft florierte und bald schon musste Alois Friedmann eine Verkäuferin einstellen, um den wachsenden Arbeitsaufwand zu bewältigen. Seine Mutter half ohnehin bereits im Laden aus. Sein Vater war ebenso wie sein älterer Bruder im Krieg gefallen.

Alois Friedmann nutzte die Gunst der Stunde. Im angehenden Wirtschaftswunder wuchs die Kaufkraft der Bürger wieder. Und die verlangten nach gutem Essen. Wer damals in dem Viertel etwas auf sich hielt, kaufte seine Lebensmittel bei Friedmann. Schon bald folgte dem ersten Geschäft ein zweites, innerhalb weniger Jahre waren Filialen über die gesamte Stadt verteilt.

Die Familie wird gegründet

Alois Friedmann hatte sich durch seinen Unternehmergeist zu einem begehrten Junggesellen entwickelt. Viele Eltern hätten ihre Tochter gerne mit diesem schneidigen und erfolgreichen jungen Mann verheiratet.

Doch alle Kuppelversuche halfen nichts. Seine Frau fand Alois Friedmann rein zufällig, als sie zum Einkaufen in seinen Laden kam. Er war sofort bezaubert von ihr. Sie von ihm weniger. Er ging schließlich bereits langsam auf die 35 zu, sie war mit Anfang 20 deutlich jünger. Immer wenn sie bei ihm einkaufen ging, versuchte Alois Friedmann besonders charmant zu sein. Eines Tages kamen sie ins Gespräch und sie erzählte ihm von ihrer kranken Mutter, die sie pflegen musste. Von dem Moment an schenkte Alois Friedmann Katharina – so hieß die junge Dame – bei jedem Einkauf etwas dazu.

»Für die kranke Mutter«, sagte er dann immer und lächelte.

Sie genierte sich zu Beginn, nahm die kleinen Geschenke jedoch gerne an. Das Geld war rar bei ihr.

Eines Tages kam sie wieder ins Geschäft. Doch als Alois Friedmann sein »Für die kranke Mutter« sagte, brach Katharina in Tränen aus.

Alois kam hinter seiner Verkaufstheke hervor und tröstete sie unbeholfen. Katharina erzählte ihm zwischen all den Schluchzern, dass ihre Mutter verstorben war.

Katharina tat Alois unendlich leid. Fortan kümmerte er sich fürsorglich um sie. Von einem der letzten Einkäufe wusste er, wo Katharina mit ihrer Mutter wohnte. So packte er eines Tages einen Korb voller guter Sachen und ging in die entsprechende Straße. Er wusste nicht genau, in welchem Haus sie wohnte. Und so klopfte Alois Friedmann an Wohnungstür um Wohnungstür, bis irgendwann endlich eine arg verdutzte Katharina die Tür öffnete.

»Herr Friedmann?«, fragte sie ungläubig. »Was machen Sie denn hier?«

»Ich wollte nach Ihnen sehen.«

Katharina war gerührt.

»Dann müssen Sie aber jetzt hereinkommen und ich koche uns was Schönes.«

Elisabeth Friedmann musste schmunzeln. Diese Geschichte hatte sie sowohl von ihrer Mutter als auch von ihrem Vater unzählige Male gehört. Und immer hatten sie sich dabei verliebt angeschaut.

Eine Kindheit im Lebensmittelhandel

Elisabeth Friedmann wurde im Jahr 1960 geboren – und damit mitten in einer der spannendsten Zeiten der Gründungsphase des Unternehmens. Freilich: Sie interessierte sich noch keineswegs dafür. Aber schon als Kleinkind verbrachte sie viel Zeit in den Filialen, in denen sowohl ihr Vater als auch ihre Mutter und Großmutter annähernd durchgehend arbeiteten.

Ihr Vater entwickelte das Geschäft weiter. Er folgte dem Grundgedanken der absoluten Frische und Exklusivität, ging dabei aber über die regionale Erzeugung hinaus. Er gründete noch ein neues Geschäft, das als »Friedmanns Feinkost« für die damalige Zeit besonders exotische Produkte bereithielt. Heute mögen Parmaschinken oder Oliven nichts Besonderes mehr sein – zur damaligen Zeit war es geradezu eine Revolution.

Die Entscheidung war richtig: Das Wirtschaftswunder war in vollem Gange und es gab eine wachsende Zielgruppe, die das Besondere suchte. Ob zu Geburtstagen, zu Ostern oder zu Weihnachten: Wenn man etwas Besonderes auf den Tisch bringen wollte, ging man zu »Friedmanns Feinkost«.

Elisabeth Friedmann lernte damals bereits echten Kaviar kennen, ausgewählte französische und schweizerische Rohmilchkäse, beste Schokolade und was es sonst im benachbarten Ausland zu kaufen gab und was haltbar genug war, um eine Reise nach Deutschland anzutreten.

Alois Friedmann baute die zweigleisige Aufstellung des Unternehmens weiter aus. Einerseits gab es die normalen Geschäfte, für die Grundversorgung mit den Lebensmitteln für den täglichen Bedarf. Andererseits wurde die Feinkostsparte des Unternehmens gestärkt.

Ende der 1960er Jahre gab es bereits 20 einfache Lebensmittelgeschäfte und fünf Feinkostläden. Längst schon hatte Alois Friedmann die Grenzen der eigenen Stadt überschritten. Friedmann baute ein Netzwerk auf und gewann an Größe. Die Mitarbeiterzahl überschritt die Marke von 50. Alois Friedmann war Arbeitgeber und Visionär zugleich. Sein eigenes Einkommen wuchs ebenfalls, aber das interessierte ihn nicht. Ihn interessierte die feste Verankerung seiner Läden in den umliegenden Städten.

Elisabeth Friedmann ging zu dieser Zeit in die Volksschule. Ihr war klar, dass sie auf jeden Fall einmal in das Familiengeschäft einsteigen wollte. Nach dem Motto »Das Kind soll es einmal besser haben« wurde Elisabeth aufs Gymnasium geschickt. Sie war die Einzige unter ihren Mitschülerinnen und Mitschülern, deren Eltern eigentlich aus der Arbeiterschicht stammten. Doch sie bildete die Ausnahme zu der Regel, dass der Bildungsaufstieg zur damaligen Zeit nicht möglich sein sollte. Sie hatte keine Probleme, mit den anderen Kindern auszukommen. Zu groß war der Respekt vor dem großen Namen, der an zahlreichen Geschäften in der gesamten Stadt stand.

Es zeigte sich, dass das Gymnasium Elisabeth Friedmann lag. Es war eine naturwissenschaftlich-mathematische Bildungsanstalt und Friedmann erkannte bereits früh, dass es vor allem die Mathematik war, die sie später für ihre Tätigkeit in dem elterlichen Betrieb benötigen würde.

Nach dem Abitur folgte daher auch ein Studium. Viele ihrer Mitschüler wollten zu der Zeit Ingenieure werden. Die Mitschülerinnen zog es vielfach in die Geisteswissenschaften. Elisabeth Friedmann hingegen entschied sich für ein betriebswirtschaftliches Studium und war in ihrem Studienfach als Frau eine wahre Exotin. Hier lernte sie ein ganz anderes Denken.

Sie dachte fortan in großen Maßstäben.

Sie entwickelte Ideen, wo es mit den Friedmann-Läden hingehen müsste. Deutschlandweit müssten sie sich aufstellen. Wenn nicht gar europaweit. Sie müssten das Segment der Feinkost weiter stärken und sich von den einfachen Wettbewerbern unterscheidbar machen. Für die einfachen Lebensmittelmärkte sah sie kaum Potenzial. Die Feinkost war das Konzept für die Zukunft.

Ihr Studium schloss sie als eine der Besten ihres Jahrgangs ab und ihr Professor bekniete sie geradezu zu promovieren. Doch Elisabeth Friedmann hatte andere Pläne. Sie konnte es kaum erwarten, ins Unternehmen einzusteigen und den Laden von Grund auf umzukrempeln.

Ein Schicksalsschlag eröffnet Chancen

Der Start im Unternehmen war ernüchternd: Elisabeth Friedmann musste feststellen, dass ihre visionären Ideen nicht sonderlich gefragt waren. Ihr Vater bestand darauf, dass sie zunächst einmal eine Art Ausbildung machte, in der sie die grundlegenden Abläufe des Geschäfts kennenlernen sollte.

Elisabeth Friedmann fühlte sich zurückgesetzt. Sie kannte die Abläufe von klein auf. Und sie wusste auch, was es in diesen Abläufen zu verbessern galt. Doch nun hatte sie mit alten Abteilungsleitern und Führungskräften zu tun, die so arbeiteten, wie sie es immer schon gemacht hatten.

Ihr Vater wollte auch an den Abläufen nichts ändern. Denn diese hatten sich etabliert und waren die Grundlage für den bisherigen Erfolg. Der Gestaltungswille von Alois Friedmann hatte mit der Zeit abgenommen. Er genoss vielmehr die Früchte seiner Arbeit. Dass Elisabeth voller Ideen steckte und denselben Drang verspürte wie ihr Vater, als er das Unternehmen gegründet hatte, sah Alois Friedmann nicht. Oder er wollte es nicht sehen und einfach den Frieden in seinem Leben genießen, der ihm als Jugendlicher und junger Mann verwehrt geblieben war.

Elisabeth Friedmann biss die Zähne zusammen.

Lehrjahre sind keine Herrenjahre, dachte sie sich und fügte sich zunächst. Sie erwarb sich den Respekt der alten Angestellten und saß als »Juniorchefin« fest im Sattel. Es war für alle im Unternehmen ganz klar, dass der alte Friedmann eine würdige »Thronfolgerin« hatte, auch wenn die alte Garde es einer jungen Frau zunächst nicht zugetraut hätte. Doch wie die englische Queen dachte Alois Friedmann gar nicht daran abzudanken. Und so saß Elisabeth Friedmann im Standby und musste auf ihre Chance warten. Immer wieder geriet sie dabei mit ihrem Vater aneinander.

»Wir müssen uns dringend neu erfinden, Vater«, sagte Elisabeth Friedmann beispielsweise einmal, als sie ihren Vater allein in dessen Büro antraf.

»Nein, Mädchen. Ich kenne das Geschäft. Ich habe es selbst aufgebaut, wenn du dich erinnerst. Der Weg, den wir gehen, ist der richtige.«

»Aber andere werden nachziehen. Wir werden den Anschluss verlieren, wenn wir stehen bleiben, Vater.«

Alois Friedmann lachte und nahm sich eine Zigarre aus dem Humidor, der auf seinem Schreibtisch stand. »Sammle du erst mal die Erfahrung, die ich habe. Dann unterhalten wir uns weiter.« Er zündete die Zigarre an und paffte genüsslich blaue Wolken.

»Aber …«

»Kein Aber. Es ist mein Geschäft und es wird so gemacht, wie ich es will, solange ich hier das Sagen habe!«

Keiner konnte ahnen, dass die Zeit des Patriarchen ein jähes Ende finden sollte. 1987 war es. Nur zwei Monate vor seinem 65. Geburtstag erlitt Alois Friedmann einen schweren Herzinfarkt, als er zu Hause zum Frühstück herunterkam. Seine Frau rief direkt den Rettungswagen. Alois Friedmann kam ins Krankenhaus. Auf der Intensivstation verstarb er wenige Tage nach seiner Einlieferung, ohne noch einmal das Bewusstsein wiederzuerlangen.

Alle waren geschockt. Elisabeth Friedmann, mehr noch ihre Mutter und auch die gesamte Belegschaft der Firma. Die große Feier, die zum 65. Geburtstag des Firmenpatriarchen vorgesehen war, wurde abgesagt. Stattdessen mussten Elisabeth und ihre Mutter die Beerdigung planen. Die Trauerfeier verlief trist, wie es zu dem Ereignis, aber vielleicht nicht zu den großen Leistungen von Alois Friedmann passte. Zu plötzlich war der Patriarch aus dem Leben gerissen worden. Niemand hatte sich auf den Abschied vorbereiten können.

Die Trauer war noch nicht abgeklungen, als ihre Mutter Elisabeth Friedmann eines Tages zur Seite nahm.

»Du musst das Unternehmen führen«, sagte sie.

Elisabeth blockte ab. »Mutter, bitte, das muss doch nicht jetzt entschieden werden.«

Doch ihre Mutter blieb hart: »Doch. Das muss es. Das Geschäft muss weitergehen.« Sie schluchzte einmal. »Dein Vater hätte es so gewollt.«

Elisabeth Friedmann war hin- und hergerissen. Auf der einen Seite hatte sie all die Jahre darauf gewartet, endlich das Ruder übernehmen und die Erneuerung des Unternehmens in Gang setzen zu können. Auf der anderen Seite sollte der Tod ihres Vaters nicht der Grund sein. Sie trauerte. Natürlich freute sie sich über das Vertrauen, das ihr Vater offensichtlich in sie gesetzt hatte. Und gleichzeitig war sie sehr traurig, weil ihr Vater es ihr nicht selber sagen konnte. Sie atmete tief ein, hielt den Atem kurz an, traf ihre Entscheidung und atmete dann ganz tief aus.

»Okay«, sagte sie leise. »Okay. Ich übernehme die Führung. Das Geschäft wird weitergehen.«

Es fühlte sich für sie komisch an, an dem ersten Tag nach diesem Gespräch mit ihrer Mutter den Platz ihres Vaters einzunehmen. Sie saß in dem Büro und starrte vor sich hin, dachte daran, was ihr Vater wohl getan hätte, und traute sich nicht recht, etwas zu andern.

Eigenartig, dachte sie. Noch vor ein paar Wochen hätte sie alles darum gegeben, selbst zu bestimmen, wie es läuft. Aber nun, wo sie nun endlich die Möglichkeit dazu hatte, empfand sie ein gewisses Traditionsbewusstsein.

Sie ließ sich die Bücher bringen und las sich erst einmal im Detail ein. Das war ihr in letzter Konsequenz zu Zeiten ihres Vaters nicht möglich gewesen. Lieferanten, Absatzmärkte, Angestellte. Sie merkte bald, dass sie ganz und gar nicht alles über den Betrieb wusste. Und das, was sie nun erfuhr, gefiel ihr nicht. Vor allem die Lebensmittelgeschäfte waren ein großes Problem. Das Unternehmen schrieb rote Zahlen. Und wenn Elisabeth Friedmann es genauer betrachtete, war das auch kein Wunder. Es gab enorme Konkurrenz durch die Discounter, denen die Friedmann-Läden keinesfalls mehr gewachsen waren. Man hätte schon längst umlenken müssen.

Elisabeth Friedmann ärgerte sich. Es war genau das, was sie die ganze Zeit gesagt hatte. Das Unternehmen hätte sich vor langem schon neu erfinden müssen, um den Anschluss nicht zu verlieren. Für die einfachen Lebensmittelgeschäfte sah es rabenschwarz aus. Auch bei den Feinkostgeschäften waren erste Ausfallerscheinungen zu beobachten. Feinkostabteilungen hatten inzwischen auch die großen Kaufhäuser. Es gab zig Konkurrenten, die dem Unternehmen das Wasser abgruben.

Das Gefühl des Traditionsbewusstseins verflog.

Elisabeth Friedmann musste etwas ändern oder das Unternehmen würde nicht mehr lange am Markt teilnehmen.

Diese Erkenntnis brachte neuen Schwung.

Elisabeth Friedmann ließ ihre wichtigsten Abteilungsleiter zu sich kommen. In einer großen Konferenz konfrontierte sie sie mit den miserablen Zahlen.

»Das ist nur eine kleine Delle«, sagte der erste.

»Ihr Vater hat viele derartige Krisen überstanden.«

»Ich würde mir nicht allzu große Sorgen machen und erst einmal abwarten.«

»Ihr Vater würde …«

Elisabeth Friedmann schlug mit der flachen Hand auf den Tisch.

»Mein Vater ist tot!«, sagte sie leise, aber bedrohlich.

Sie blickte in erschrockene Gesichter.

»Sind Beschwichtigungen alles, was Sie zu den Zahlen zu sagen haben?«

Niemand sagte auch nur ein Wort.

»Wir befinden uns in einer Krise. Es muss und es wird Veränderungen geben. Ab jetzt bestimme ich, wie das Geschäft aufgestellt wird«, sagte sie kühl. »Ich lade jeden ein mitzugehen. Doch wer das nicht will, der kann gerne aus dem Unternehmen ausscheiden.«

Ihr Auftritt machte Eindruck. Die Truppen, die ihr Vater um sich geschart hatte, mussten jetzt ihr – Elisabeth Friedmann – folgen. Es war fraglich, ob alle die Veränderungen mitgehen würden. In den nächsten Tagen würde sich zeigen, wer wirklich loyal zum Unternehmen stand.

»Ab morgen schon wird hier einiges anders laufen.«

Elisabeth Friedmann hatte in den folgenden Wochen so manche unpopuläre Entscheidung zu treffen. Die reinen Lebensmittelgeschäfte würden komplett abgestoßen, verfügte sie. Das freiwerdende Kapital wurde massiv in die Feinkostgeschäfte investiert. Dazu gehörte auch die Investition in eine eigene Logistiksparte, die die Lieferung der frischen Lebensmittel in die Läden übernahm. Ein Bereich, den ihr Vater sträflich vernachlässigt hatte.

»Ihr Vater würde sich schämen«, sagte einmal ein Abteilungsleiter zu Elisabeth Friedmann. »So mit seinem Erbe umzugehen!«

Elisabeth Friedmann lächelte kühl.

»Bitte holen Sie sich in der Personalabteilung Ihre Papiere ab. Sie sind ab sofort freigestellt.«

Elisabeth wusste, dass sie solche Angriffe auf ihre Person konsequent brechen musste, sonst wäre das Unternehmen bald nicht mehr lenkbar. Seit diesem Zeitpunkt gab es keine Einwände mehr gegen den Kurs, zumindest nicht öffentlich. Elisabeth Friedmann wusste, dass sie es nicht allen recht machen konnte. Sie war vor allem ihren Werten und den Gesetzen der Betriebswirtschaftslehre verpflichtet, damit das Unternehmen überleben konnte. Da konnte sie keine Rücksicht auf die ganzen Befindlichkeiten nehmen. Sie wusste, dass der von ihr eingeschlagene Weg der richtige war, und sie würde ihn konsequent bis zum Ende gehen.

Am nächsten Morgen las sie in der Zeitung, dass Mitarbeiter in den Lebensmittelgeschäften gegen die drohende Schließung protestierten. Elisabeth Friedmann lächelte schief. Sie arbeitete gerade zusammen mit einem Mitbewerber an einem Deal, der die Übergabe der Filialen und der Mitarbeiter regeln sollte, sodass niemand arbeitslos werden würde.

Ich kann es aber natürlich gerne auch lassen, überlegte sie.

Doch sie hatte keine Zeit, sich über die Undankbarkeit der Mitarbeiter aufzuregen. Sie musste ihre weiteren Umbaupläne forcieren. Mehrere Wochen verbrachte sie auf Achse, besuchte Erzeuger und suchte neue Produzenten. Ihr Ziel war klar: Sie wollte frische Ware mit ins Portfolio aufnehmen, die es so noch nicht zu kaufen gab und mit der sie sich erneut einen Vorsprung gegenüber der Konkurrenz erschließen konnte. Frischer Nordseefisch wurde in das Portfolio mit aufgenommen. Ebenso frische Muscheln aus Frankreich, Fisch aus der Mittelmeer-Region, diverse Gemüsesorten aus Spanien und vom Balkan, Spezialitäten aus Norwegen und Schweden. Mit Mut und Kreativität gestaltete sie das Produktportfolio neu. Sie investierte in die Logistiksparte. Modernste Kühllaster erlaubten eine herausragende Frische der Waren.

Mit der Zeit zahlten sich die Anstrengungen aus: Es fand sich ein Käufer für die Lebensmittelgeschäfte. Die Feinkostgeschäfte steigerten ihr Ansehen und waren inzwischen auch die Anlaufstelle für die Restaurants in der jeweiligen Umgebung. Eine neue solvente Zielgruppe, die dem Geschäft außerordentlich guttat.

Elisabeth Friedmann führte ein neues Bestellsystem ein, über welches Gastronomen besondere Wünsche äußern konnten. Denn durch die hohen Absatzzahlen, die durch die Restaurants generiert wurden, stand das Unternehmen auf einer deutlich stabileren Basis.

Nach einem Jahr hatte sie das Unternehmen so weit saniert, dass sie an eine neue Expansion denken konnte. Sie eröffnete neue Filialen, die sich weit über die gesamte Bundesrepublik erstreckten. Darüber hinaus weitete sie das Vertriebsnetz aus und übernahm Großhandelsaufgaben. Über eigene Markthallen ermöglichte sie die Direktabnahme für Lebensmittelhändler und Gastronomen. Auf diese Weise erweiterte sie ihre Absatzmärkte.

Nachdem sie sich in Deutschland die führende Position als Frischespezialist erarbeitet hatte, beschloss Elisabeth Friedmann die europäische Expansion. Die neuen Märkte ging sie ebenso professionell an und schaffte zusätzliche Synergien. Durch die Präsenz an den Märkten entdeckte sie zahlreiche neue Lieferanten, deren Produkte sie in ihr eigenes Netzwerk aufnahm. Die Warenströme wurden optimiert, das Unternehmen arbeitete so profitabel wie nie.

Klare Strukturen für den Erfolg

Schon früh hatte Elisabeth Friedmann damit begonnen, ihr Geschäft über verschiedene Unterorganisationen zu strukturieren. Die »Friedmann Handels GmbH« diente als Holding und hatte lediglich noch Verwaltungsaufgaben. Darunter befanden sich als 100-prozentige Töchter die »Friedmann Logistics GmbH« und die »Friedmann Feinkost GmbH«. Darüber hinaus gab es vielfältige weitere Beteiligungen in verschiedensten europäischen Ländern. Das Firmengeflecht war kaum noch überschaubar, aber gesund und durchaus überlegt zusammengestellt.

Zu dieser Zeit hängte Elisabeth Friedmann eine Weltkarte in ihrem Büro auf. Mit bunten Fähnchen markierte sie, wo ihre Unternehmensgruppe überall aktiv war. Wehmütig stand sie häufig davor und richtete den Blick auf Amerika. Hier würde sie auch irgendwann in den Markt eintreten. Da war sie sich sicher.

Privates Glück sichert die Erbfolge

Der berufliche Erfolg war das eine, was Elisabeth Friedmann erfüllte. Das andere war ihr privates Glück. Es begann mit einem Zufall: Bei einer ihrer Visiten in die Weiten ihres Firmen-Imperiums traf sie Armin wieder. Armin war einer ihrer ehemaligen Kommilitonen, mit dem sie sich während des Studiums immer gut verstanden hatte. Sie wusste überhaupt nicht, dass Armin einer ihrer Mitarbeiter war, freute sich aber sehr, ihn als Regionalleiter an Bord zu haben.

»Du hast Großartiges geleistet«, stellte er fest. Es war nicht geschmeichelt, sondern ehrlich gemeint. Da war sie sich sicher.

»Danke«, hatte sie damals geantwortet. »Es war auch eine ganze Menge Arbeit, die nicht immer auf Gegenliebe gestoßen ist.«

»Das glaub ich gern«, lachte Armin, und wäre sie es nicht schon lange heimlich gewesen, dann hätte sie sich genau in diesem Moment in ihn verliebt.

Sie bemühte sich sehr um Armin, fragte ihn immer wieder, ob er einmal mit ihr ausgehen würde. Zunächst war er unsicher. Er hatte gelernt, dass es besser war, Berufliches und Privates zu trennen. Zumindest theoretisch. Auch fürchtete er die Reaktion der Kollegen. Was sollten sie denken, wenn er mit der Chefin anbändelte?

Schließich sagte er doch ja. Und je öfter sie sich zu Rendezvous trafen, desto offensichtlicher wurde mit der Zeit auch, dass Armin sich auch in Elisabeth verliebt hatte.

Sie heiratete ihn schließlich an einem sonnigen Tag im Mai. Die Feier wurde klein gehalten, obwohl sie sich auch ein rauschendes Fest im großen Maßstab hätten leisten können. Doch die Hochzeit lag genau in der Phase des Unternehmensumbaus, in der die Firma noch nicht ganz über den Berg war und auch noch einige Entlassungen aussprechen musste. In dieser Phase wollte Elisabeth Friedmann auf keinen Fall unsensibel erscheinen. Armin war eine kleinere Hochzeit ohnehin lieber.

Ihre Ehe verlief gut und liebevoll. Schon nach dem ersten Jahr bekamen sie ihr erstes Kind. Eine Tochter, die sie Meike nannten. Zwei Jahre später folgte ihr Sohn Kai. Elisabeth Friedmann war zu diesem Zeitpunkt überglücklich. Denn natürlich erwartete sie, dass ihre Kinder eines Tages die Leitung der Firma übernehmen würden.

Doch ihre Kinder wuchsen anders auf als sie. Armin hatte sich nach der Hochzeit aus dem Unternehmen zurückgezogen und konzentrierte sich als emanzipierter Ehemann auf die Familie. So waren Elisabeth Friedmanns Kinder nicht wie sie von klein auf mit im Unternehmen. So lernten sie das Geschäft nicht von Kindesbeinen an. Wobei Elisabeth sich eingestehen musste, dass das Geschäft heute mit dem Geschäft während ihrer Kindheit nicht mehr viel gemeinsam hatte. Und so entwickelten sie nicht diese tiefe Liebe, die Elisabeth Friedmann selbst zu dem Unternehmen entwickelt hatte.

Je älter sie wurden, desto klarer wurde es. Sie hatten kein wirkliches Interesse an dem Unternehmen, das Elisabeth Friedmann aufgebaut hatte. Sie empfanden es eher als Belastung, später einmal in die großen Fußstapfen ihrer Mutter treten zu müssen. Ihr Sohn hatte – wenn auch mehr im Scherz – Elisabeth Friedmann gefragt, was das Unternehmen wohl wert wäre, wenn man es veräußere.

Das alles ging Elisabeth Friedmann durch den Kopf, als sie an diesem Tag in ihrem Büro saß, erst in den Regen hinausstarrte und dann den Blick über die Wand mit den Bildern ihres Vaters schweifen ließ. Sie machte sich Sorgen – ob sie real waren oder nicht. Sie sah ihr Lebenswerk in Gefahr. Und für sie war es oberste Priorität, dieses Lebenswerk zu bewahren. Sie hatte zu viel Zeit und Mühe darauf verwendet, das Unternehmen ihres Vaters wieder in sicheres Fahrwasser zu führen. Sie war die Architektin gewesen, die diese Firmengruppe konstruiert hatte. Und sie wollte, dass sie bewahrt wird. Die Friedmann Handels GmbH sollte überdauern – auch wenn sie selbst schon lange nicht mehr da sein sollte.

Eine Lösung für die Ewigkeit

Es klopfte. Ihre Sekretärin schaute ins Büro herein.

»Herr Wagner ist jetzt da.«

»Soll reinkommen. Danke, Marianne.«

Elisabeth Friedmann stand auf und schloss die Knöpfe ihres Kostüms. Sie ging um den Schreibtisch herum nach vorne, in dem Moment kam Mario Wagner bereits ins Büro hinein. Mario Wagner war seit langen Jahren schon der Anwalt von Elisabeth Friedmann und hatte sie schon häufig in schwierigen Situationen beraten. Und die heutige Situation war schwierig. Zumindest empfand es Elisabeth Friedmann so.

»Hallo Mario«, begrüßte Friedmann ihren Anwalt freundlich und schüttelte ihm die Hand. Mit der anderen machte sie eine einladende Geste und deutete auf eine kleine Sitzgruppe, die in der Ecke des Büros angeordnet war.

»Setzen wir uns doch.«

»Gern«, erwiderte Mario Wagner und steuerte den hinteren der beiden bequemen Ledersessel an.

»Magst du etwas trinken? Tee? Kaffee?«

»Danke, aber im Moment nichts.« Mario Wagner lehnte sich in dem Sessel zurück. »Mich interessiert vielmehr, was ich heute für dich tun kann. Du warst am Telefon ja sehr vage. Es ist nichts Schlimmes, hoffe ich.«

Elisabeth Friedmann fuhr sich durch die Haare und rieb sich anschließend den Nacken. »Eigentlich nicht«, sagte sie. »Aber irgendwie dann doch. Für mich ist es zumindest wichtig.«

Mario Wagner lachte auf. »Das ist nun auch nicht viel konkreter.«

Ein Moment der Stille entstand, in der Elisabeth Friedmann sich sammeln musste. »Ich habe in meinem Leben viel erreicht«, fing sie an.

»Das hast du«, bestätigte ihr Anwalt.

»Und ich möchte, dass das große Ganze bestehen bleibt.«

»Du bist doch nicht krank?« Mario Wagner blickte besorgt.

»Nein, nein, nichts dergleichen«, beeilte sich Elisabeth Friedmann zu sagen. »Ich grüble im Moment nur recht viel.«

»Worüber?«

»Der Anstoß war ein unbedachter Satz meines Sohnes. Er fragte sich, was die Unternehmensgruppe wohl wert wäre, wenn man sie veräußern würde. Er meinte es nicht so, das glaube ich zumindest. Allerdings bringt es mich zum Nachdenken, was wohl aus dem Ganzen hier wird, wenn ich einmal die Geschäftsleitung abgebe.«

Mario Wagner zuckte mit den Schultern. »Das kann man bei einer Gruppe dieser Größenordnung nie voraussagen. Du hast es doch selbst gemerkt: Du musstest einige Sparten schließen, dafür ist die Logistiksparte komplett neu dazugekommen. Die einfachen Friedmann-Lebensmittelläden gibt es jetzt halt nicht mehr. Aber das war aus unternehmerischer Sicht genau die richtige Entscheidung. Dafür wendet ihr euch jetzt sogar dem amerikanischen Markt zu. Davon hätte dein Vater vermutlich nicht einmal zu träumen gewagt.«

»Das stimmt schon«, antwortete Elisabeth Friedmann. »Aber darum geht es auch gar nicht. Natürlich soll die unternehmerische Flexibilität gewahrt bleiben. Wenn eine Sparte nicht mehr läuft, muss selbstverständlich umstrukturiert werden. Allerdings laufen diese Sachen über die Beteiligungen. Die ›Friedmann Handels GmbH‹ agiert schon seit langem nur noch als Holding, die die Verwaltungsaufgaben übernimmt und den strategischen Kurs vorgibt. Diese Gesellschaft soll nicht einfach verschwinden oder unter Investoren aufgeteilt werden, die sich ein Stück von dem Kuchen sichern wollen. Hinterher ist die GmbH nur noch ein zersplittertes Etwas, das mit dem heutigen Stand nicht mehr das Geringste zu tun hat. Und der Name Friedmann wird dann auch in der Bedeutungslosigkeit versinken. Niemand wird sich mehr daran erinnern, was zunächst mein Vater und danach auch ich auf die Beine gestellt haben.«

»Ich verstehe«, sagte Mario Wagner.

Elisabeth Friedmann blickte erwartungsvoll.

Der Anwalt sprach weiter: »Du möchtest die GmbH so schützen, dass sie nicht mehr veräußert werden, aber dennoch ihre jetzigen Aufgaben wahrnehmen kann.«

»Genau«, bestätigte Friedmann.

Mario Wagner überlegte eine Weile. Dann sagte er: »Es gibt da eine Möglichkeit.«

»Und welche?«

»Wir können dein Unternehmen in eine Stiftung einbringen.«

»Eine Stiftung?« Elisabeth Friedmann blickte zweifelnd. Sie hatte allerdings gelernt, erst einmal abzuwarten und zuzuhören, wenn Mario Wagner einen Vorschlag machte. Denn was dahinterstand, hatte immer Hand und Fuß und war nicht selten brillant.

»Ja, eine Unternehmensstiftung«, sagte er. »Als verselbstständigtes Vermögen würde das Unternehmen in dieser Form das Stiftungsvermögen bilden. Es könnte damit nur noch dem Stiftungszweck dienen, den du festlegst. Denn weil das Stiftungsvermögen bewahrt bleiben muss und nur die Erträge für den Stiftungszweck verwendet werden dürfen, kann es auch nicht mehr verkauft werden.«

»Das musst du mir genauer erklären.«

»Es ist ganz einfach. Normalerweise empfehle ich bei Unternehmensstiftungen, den Wert des Unternehmens als Stiftungsvermögen in die Stiftung einzubringen. Wenn das Unternehmen wächst und gedeiht, haben nach einiger Zeit weniger Anteile als die vollen 100 Prozent denselben Wert, den zu Beginn der Stiftungsgründung das gesamte Unternehmen hatte. Es könnten also Unternehmensanteile veräußert werden, ohne dass das Stiftungsvermögen geringer wird«, erklärte der Anwalt.

»Aber genau das will ich doch nicht!«, warf Elisabeth Friedmann ein.

Mario Wagner gebot mit einer Handbewegung, abzuwarten. »Deswegen hatte ich ja ›normalerweise‹ gesagt.« Der Anwalt lächelte verschmitzt. »In deinem Fall würde ich empfehlen, nicht den Gegenwert der Anteile, sondern die Anteile selbst als Stiftungsvermögen einzubringen. Auf diese Weise sind sie geschützt. Niemand kann auch nur einen einzigen Anteil verkaufen, ohne dadurch das Stiftungsvermögen zu verringern.«

Elisabeth Friedmann strahlte. »Ja, genau das meinte ich.«

»Ich muss dich allerdings warnen«, sagte Mario Wagner. »Diese Entscheidung ist eine Entscheidung von enormer Tragweite. Denn die Stiftung ist dafür gedacht, dass sie bis in alle Ewigkeit besteht. Das bedeutet, einmal getroffen kann man sie auch nicht mehr rückgängig machen.«

»Das ist egal«, meinte Elisabeth Friedmann. »Genau das möchte ich ja!«

Die beiden verständigten sich darauf, dass Elisabeth Friedmann trotzdem noch einmal eine Nacht über die ganze Sache schlafen sollte. Die Stiftungsgründung laufe nicht weg, sagte Mario Wagner. Eine solche Entscheidung müsse gut überlegt sein, mit einem kühlen Kopf getroffen werden und vor allem mit einem Spezialisten für Stiftungen besprochen werden, damit im Detail keine Fehler entstehen, die nicht im Sinne der Stifterin sind. Denn diese Fehler seien dann auch für die Ewigkeit und größtenteils unumkehrbar.

Er hatte Recht.

Das wusste Elisabeth Friedmann. Und so willigte sie in diese Vorgehensweise ein. Mindestens eine Woche wollte sie vergehen lassen, bis sie ihre Entscheidung treffen würde.

Ein klares Ja zur Stiftung

Eigentlich brauchte Elisabeth Friedmann die Woche allerdings gar nicht. Für sie war vom ersten Moment an klar, dass diese Idee genau das Richtige war, um ihr Unternehmen zu schützen. Selbst wenn sich das Geschäft grundlegend verändern sollte: Die »Friedmann Handels GmbH« würde fortbestehen.

Wie mit Mario Wagner vereinbart, wartete sie aber.

In den ersten beiden Tagen konnte sie an nichts anderes als die Stiftung denken. Danach holte sie das Tagesgeschäft ein und sie gewann ein bisschen Abstand.

Am letzten Tag der selbst auferlegten Wochenfrist setzte sie sich abends mit einem exquisiten französischen Rotwein und einer edlen Zartbitter-Schokolade – beides selbstverständlich aus dem Sortiment ihrer eigenen Feinkostläden – vor den Kamin. Ihr Mann und ihre Kinder waren irgendwo anders. Sie hatte das Haus für sich allein und genoss die Stille. Sie blickte in die Flammen und schaute ihnen bei ihrem wilden Spiel zu. Sobald ein Holzscheit heruntergebrannt war, legte sie das nächste nach, obwohl es in dem Raum langsam schon zu warm wurde.

An diesem Abend besiegelte sie es endgültig. Sie würde ihr Unternehmen zur Stiftung machen und für die Zukunft schützen. Gleich morgen würde sie Mario Wagner anrufen und ihm ihre Entscheidung mitteilen und einen Termin mit dem Stiftungsberater vereinbaren.

Wie schnell wird er wohl alles in die Wege leiten können?, überlegte sie.

Doch eigentlich war die Antwort auf diese Frage egal. Denn wenn etwas für die Ewigkeit bestimmt sein sollte, ging Sorgfalt vor Geschwindigkeit. Mit einem guten Gefühl erhob Elisabeth Friedmann sich nach Stunden und ging ins Bett.

Am nächsten Morgen fuhr Elisabeth Friedmann noch früher ins Büro als sonst. Sie war ein bisschen aufgeregt, obwohl sich ihr frühes Aufstehen in keiner Weise gelohnt hatte. Denn so früh konnte sie unmöglich schon bei Mario Wagner anrufen. Und so setzte sie sich an ihren Computer, beantwortete ein paar E-Mails.

Irgendwann schweifte sie ins Internet ab. Hier rief sie die eigene Unternehmens-Homepage auf und las, was dort alles über die Gruppe geschrieben stand. Bald schon würde hier auch Amerika als weiterer Filialstandort hinzukommen. Delikatessen aus Nordamerika bezog die »Friedmann Handels GmbH« ohnehin schon seit langem. Ihr war es dabei gelungen, die Abläufe so weit zu optimieren, dass ihre Firma eine optimale Frische garantieren konnte. Ein wichtiges Kriterium, wenn es beispielsweise um leicht verderbliche Waren wie Lachs aus Kanada oder Shrimps aus dem Süden der USA ging.

Als Kind schon hatte sie sich immer gerne zu den Ländern weggeträumt, aus denen die Produkte für die Feinkostläden kamen. Damals waren es Spanien, Frankreich und die skandinavischen Länder, heute waren es Länder, die sich über die gesamte Welt verteilten.

Endlich sprang der Zeiger der großen Wanduhr auf 9 Uhr. Jetzt – so wusste Elisabeth Friedmann aus langer Erfahrung – kam Mario Wagner in seiner Kanzlei an und würde sich in wenigen Augenblicken mit einer dampfenden Tasse Kaffee an seinen Schreibtisch setzen. Friedmann gab ihrem Freund noch genau zwei Minuten, bevor sie den Telefonhörer abnahm und die direkte Durchwahl wählte. Die hatte Mario Wagner ihr einmal gegeben, als das Verhältnis freundschaftlicher und die Umsätze, die er mit der »Friedmann Handels GmbH« machte, immer größer wurden.

»Dann musst du dich nicht immer von meiner Sekretärin durchstellen lassen«, hatte Mario Wagner damals gesagt. »Und zögere bitte nicht, die Nummer auch zu benutzen. Du störst nie.«

Es klingelte nur zweimal, schon wurde am anderen Ende der Leitung abgenommen.

»Wagner.«

»Guten Morgen, Mario, hier ist Elisabeth.«

»Och, du störst mich gerade bei meinem Morgenkaffee.«

»Ich weiß. Aber ich dachte, ich störe nie«, feixte Elisabeth Friedmann.

Mario Wagner seufzte und gab sich geschlagen. »Also gut. Was gibt es denn so Wichtiges?«

»Ich wollte dir nur sagen, dass ich die Stiftung gerne gründen will.«

Wagner lachte. »Na ja, so richtig dran gezweifelt hatte ich sowieso nicht.«

»Kannst du alles fertigmachen?«

»Wir sollten uns vorher noch einmal zusammen mit dem Stiftungsberater treffen. Es gibt noch ein paar Details, über die wir Klarheit gewinnen sollten, bevor du deine Entscheidung triffst, damit alles genau so wird, wie es deinen Wünschen entspricht.«

»In Ordnung. Wie wäre es heute mit einem Mittagessen?«

Wieder lachte der Anwalt. »Ich muss schon sagen: Wenn du dich einmal zu etwas entschlossen hast, verlierst du keine Zeit!«

Elisabeth Friedmann lachte auch. »Natürlich nicht. Da solltest du mich doch langsam kennen!«

»Ich rufe ihn mal an, ob er spontan Zeit für ein Mittagessen hat. Wenn du nichts mehr von mir hörst, geht es klar.«

Die Weichen für die Zukunft werden gestellt

Das »Chat Noir« hatte einen herausragenden Ruf, was seine Fischgerichte betraf. Gourmets schätzten die besondere Frische und die Kreativität bei der Zubereitung. Für die Kreativität konnte Elisabeth Friedmann nichts, die Frische allerdings garantierte sie durch ihr Handelsunternehmen. Der Inhaber des Restaurants war lange Jahre schon ein Kunde der »Friedmanns Feinkost«-Linie. Und nicht zuletzt deshalb war Elisabeth Friedmann gerne ein Stammgast in dem kleinen, beschaulichen Lokal.

Elisabeth Friedmann saß an ihrem angestammten Tisch und wartete. Sie genoss ein wenig ofenfrisches Baguette und eine hervorragend abgestimmte Kräuterbutter. Mario Wagner verspätete sich um einige Minuten, was bei Terminen zum Mittagessen nicht selten vorkam. Dafür brachte er heute den Stiftungsberater gleich mit.

Das versöhnte Elisabeth Friedmann, denn sie wusste, dass das den Prozess beschleunigen würde. Das Thema des Treffens brannte ihr regelrecht unter den Nägeln. Die beiden Männer betraten das Restaurant und sahen ein wenig abgehetzt aus. Mario Wagner musste sich ins

Zeug gelegt haben, um diesen Termin zu dritt zu realisieren. Er wusste, dass es bei Elisabeth Friedmann immer um Qualität, aber auch um Geschwindigkeit ging. Er wollte sie nicht verärgern.

»Bitte entschuldige«, stieg er ins Gespräch ein, als er an dem Tisch angekommen war. »Auf den Straßen ist die Hölle los, aber dafür sitzen wir jetzt alle zusammen.« Er stellte die beiden einander vor.

»Freut mich sehr. Danke, dass Sie es einrichten konnten«, sagte Elisabeth Friedmann und lächelte.

»Herr Wagner hat mir zu verstehen gegeben, dass es hier keine Alternative gibt«, lächelte der Stiftungsberater zurück. »Flexibilität und Spontanität müssen manchmal eben sein im Business – aber wem erzähle ich das. Sie kennen das ja wahrscheinlich zur Genüge aus Ihrem Alltag, oder?«

»Allerdings«, entgegnete Elisabeth, die den Experten ganz sympathisch fand.

Mario Wagner griff zur Speisekarte, die ihm ein Kellner reichte.

»Sie beide sollten die Scholle nehmen. Hat gerade Saison«, empfahl Elisabeth Friedmann.

Mario Wagner lächelte. »Alles klar. Dann die Scholle bitte«, sagte er zum Kellner, obwohl er nicht sicher war, ob Elisabeth Friedmann nicht nur den Auswahlprozess verkürzen wollte. Der Stiftungsberater nickte.

»Dreimal bitte«, sagte Friedmann zu dem Kellner.

»Sehr gern!« Der Kellner verschwand.

»Was müssen wir denn noch besprechen?«, fragte Elisabeth Friedmann, als der Kellner außer Hörweite war.

»Es sind viele kleine Details, die wir gemeinsam durchgehen müssen«, erläuterte der Stiftungsberater. »Herr Wagner hat mir schon Ihren grundsätzlichen Wunsch genannt. Daher gehe ich davon aus, dass Sie in jedem Fall eine selbstständige Stiftung gründen möchten, richtig? Denn nur so kann die Stiftung wie eine eigenständige Rechtsperson handeln. Sie wollen ja nicht– zumindest schätze ich Sie so ein –, dass irgendein Treuhänder über die Einhaltung des Stiftungszwecks wacht, oder?«

»Nein, auf keinen Fall«, stimmte Elisabeth Friedmann zu.

»Dann kommen wir bereits zum nächsten Punkt: dem Stiftungszweck«, erzählte Mario Wagner weiter. »Hier werden wir einige Gedanken und etwas Zeit investieren müssen, um eine rechtlich einwandfreie Formulierung zu finden, die dann natürlich auch genau deinen Wünschen entspricht.«

Der Vorspeisensalat kam und durch das Hantieren des Kellners am Tisch entstand eine kleine Pause. Elisabeth Friedmann entfaltete die Serviette und legte sie sich auf den Schoß. Die beiden Herren taten es ihr gleich.

»Da ist ja wirklich noch eine Menge zu tun«, gestand sie ein und spießte ein Blatt Lollo Rosso auf.

Mario Wagner stimmte zu. »Und das ist längst noch nicht alles. Wir müssen die Stiftungssatzung genau ausarbeiten.«

»Haben Sie da nicht irgendeinen Vordruck in Ihrer Schublade?«, fragte Elisabeth Friedmann den Stiftungsberater.

»Das würde ich Ihnen auf gar keinen Fall empfehlen«, entgegnete dieser mit ruhiger und tiefer Stimme. Er schaute ihr in die Augen: »Die Satzung beschreibt im Detail, wie der Stiftungszweck erfüllt werden kann, welche Organe die Stiftung hat, ob es Satzungsänderungen geben darf und vieles mehr. Sie ist das Gesetz der Stiftung und wird für die ganze Zeit des Bestehens der Stiftung gelten. Das bedeutet, wenn die Stiftung einen Anspruch hat, ewig zu bestehen, gilt auch die Stiftungssatzung ewig.«

»Okay, ich verstehe.«

Der Stiftungsberater fuhr fort: »Die Stiftungssatzung ist hochkomplex und muss individuell auf den Einzelfall abgestimmt werden. Das kann man nicht mit einem Vordruck abtun.«

»Schon gut, schon gut«, lachte Elisabeth Friedmann auf. »Ich habe es ja jetzt verstanden. Was schlagen Sie also vor, wie sollen wir vorgehen?«

Mario Wagner räusperte sich. »Ich schlage vor, dass wir mehrere Vorbereitungstreffen vereinbaren. In dem ersten werden wir uns eingehend mit dem Stiftungszweck befassen und die Eckpunkte festhalten. Zum nächsten Treffen bereite ich dann einen allerersten groben Entwurf für die Stiftungssatzung vor, in dem allerdings noch zahlreiche Platzhalter sein werden. Diese offenen Punkte gehen wir dann nach und nach durch, bis wir schließlich zu einer endgültigen Fassung gelangen.«

»Gut, und wie würde es danach weitergehen?« Elisabeth Friedmann tupfte sich den Mund ab und legte die Serviette beiseite. Sie war mit dem Salat fertig.

Jetzt nahm der Stiftungsberater den Ball wieder auf: »Wenn wir die Stiftungssatzung vorbereitet haben, werden wir die Gründung der Stiftung bei der Stiftungsaufsicht anmelden. Die Stiftung muss ihren Sitz nicht zwingend hier in unserer Stadt haben. Ich schaue mal, ob die Stiftungsaufsicht eines bestimmten Bundeslandes für unser Vorhaben vorteilhaft wäre.«

»Und damit wäre die Stiftung dann gegründet?« fragte Elisabeth Friedmann.

»Fast«, sagte der Stiftungsberater, der jetzt voll in seinem Element war. Man konnte seine Begeisterung für das Thema förmlich spüren. »Die Stiftungsaufsicht wird den Antrag genau prüfen und dabei schauen, ob das eingebrachte Vermögen der Stiftung ausreicht, um den Stiftungszweck zu erfüllen.« Wagner zwinkerte Friedmann einmal zu. »An der Stelle zeigt sich dann, ob wir alles richtig gemacht haben«, lachte er.

Der Hauptgang kam und der Kellner stellte vor jeden Gast jeweils einen dampfenden Teller mit zwei Schollenfilets in einer Butter-Speck-Sauce und Petersilienkartoffeln ab.

»Scheint so, als sei die Scholle genau die richtige Entscheidung gewesen«, sagte Mario Wagner freudig.

»Lassen wir es uns schmecken«, gab Elisabeth Friedmann zurück. »Wir haben noch so einiges vor uns.«

Die Stiftung wird gegründet

Die Vorbereitungen zogen sich über mehrere Wochen hin.

»Das ist ja schwieriger als bei jeder meiner bisherigen Firmenübernahmen«, stellte Elisabeth Friedmann bei einem der zahlreichen Treffen fest, die sie mit dem Stiftungsberater vereinbart hatte. »Ich muss mich immer wieder in die Zukunft denken, um zu verstehen, was das in 30 oder 50 Jahren für Auswirkungen hat, was ich jetzt festlege.«

»Gut Ding will Weile haben«, gab dieser zurück, lachte und leitete die Aufmerksamkeit wieder auf den Punkt der Agenda zurück, der gerade anstand.

Der Aufwand lohnte sich.

Stück für Stück entstand eine Stiftungssatzung, mit der Elisabeth Friedmann rundum zufrieden war.

Die Firmenanteile würden zu 100 Prozent an die Stiftung übergehen. Elisabeth Friedmann würde auf Lebenszeit den Vorstandsposten bekleiden. Und so lange sie im Geschäft aktiv war, würde sie auch die Geschäftsführerin sein. »Und nicht nur das«, sagte Mario Wagner bei einem ihrer Treffen. »Als Vorstand der Stiftung können wir dir außerdem das Recht einräumen, deinen Nachfolger selbst zu bestimmen.« Über einen optionalen Beirat war es Elisabeth Friedmann außerdem möglich, wichtige Ratgeber eng ans Unternehmen zu binden.

»Jetzt ist es soweit«, sagte Mario Wagner, der beim letzten Vorbereitungstreffen wieder mit dabei war. »So werden wir die Stiftung bei der Stiftungsbehörde einreichen.«

Elisabeth Friedmann war froh, diesen wichtigen Schritt so gut und vertrauensvoll hinter sich gebracht zu haben. Sie dankte den beiden Herren für die vertrauensvolle Zusammenarbeit. Mit dem Stiftungsberater hatte sie mehr über ihre berufliche und private Zukunft im Detail nachgedacht als mit allen anderen ihr wichtigen Menschen zusammen. Ihr fiel auf, dass Verbundenheit zwischen Menschen nicht nur über die Zeit, sondern auch über die Intensität der Gesprächsthemen entsteht. Sie war froh, integre Berater an ihrer Seite zu haben, denen sie vertrauen konnte.

Eine freudige Überraschung

Elisabeth Friedmann hatte lange Zeit überlegt, wie sie ihre Familie über den Schritt informieren sollte, den sie im Alleingang vorbereitet und letztlich auch durchgeführt hatte. Das war für die geschäftlichen Angelegenheiten nicht ungewöhnlich. Weder ihr Mann noch ihre Kinder waren in irgendeiner Weise in das Familiengeschäft eingebunden. Bei ihren Kindern vermutete sie ohnehin kein größeres Interesse. Allerdings war es diesmal anders als bei irgendeiner Firmenübernahme oder Umstrukturierung. Diesmal hatte Elisabeth Friedmann eine Entscheidung getroffen, die im Grunde alle betraf, weil sie über ihre eigene Zeit im Unternehmen hinausging.

Sie hatte das wöchentliche Familienessen ausgewählt, bei dem sie die Gründung der Stiftung bekannt geben wollte. Seitdem die Kinder so groß waren, dass sie häufig ihrer eigenen Wege gingen, hatten Armin und Elisabeth Friedmann das Familienabendessen eingeführt. Einmal in der Woche trafen sich alle in der elterlichen Villa, um gemeinsam zu speisen und sich zu unterhalten. Die Kinder erzählten viel vom Studium, ihr Mann erklärte, was so alles in der Woche zu Hause vorgefallen war. Elisabeth Friedmann trug meist wenig zu den Gesprächen bei. Denn alles, was sie hätte erzählen können, betraf die Firma und irgendwelche geschäftlichen Dinge. Heute aber war es anders.

»Ich muss euch eine Ankündigung machen«, sagte sie und weckte damit Interesse bei den übrigen Familienmitgliedern.

Erwartungsvoll schauten die drei anderen sie an.

»Ich habe mich dazu entschlossen«, erzählte sie weiter, »eine Stiftung zu gründen, in die ich das Unternehmen als Stiftungsvermögen einbringe.«

Stille breitete sich am Tisch aus.

Elisabeth Friedmann wartete bange.

»Und was bedeutet das?«, fand schließlich Armin als erster seine Stimme wieder.

»Im Grunde nichts Großes«, sagte Elisabeth Friedmann. »Die Stiftung übernimmt die Position der bisherigen ›Friedmanns Handels GmbH‹. Sie wird die Geschäfte so wie bisher weiterführen. Die Erlöse kommen uns über den Stiftungszweck zugute – eventuell sparen wir da sogar noch ein paar Steuern. Nur verkauft werden kann die Holding unserer Unternehmensgruppe jetzt nicht mehr.« Sie stützte die Ellbogen auf den Tisch, legte die Hände aneinander und presste die Lippen daran.

Wieder kam es zu einer Pause des Schweigens. Länger diesmal als die erste.

Schließlich ergriff ihre Tochter das Wort: »Aber das ist ja wunderbar!«

Elisabeth Friedmann schaute auf.

»Was?«, sie war wirklich überrascht.

Ihre Tochter erklärte es mit einem Lächeln: »Na, das bedeutet doch, dass das Unternehmen auf jeden Fall in seinem Kern bestehen bleibt, oder nicht?«

»Ja«, bestätigte Elisabeth Friedmann. »Das war das Ziel des Ganzen.«

»Damit schützt du das Lebenswerk von Großvater. Und dein eigenes auch. Ich hatte schon oft darüber nachgedacht, dass ich nach meinem Studium in irgendeiner Weise mit ins Unternehmen einsteigen könnte. Wegen Familientradition und als nächster Frau in der Firmengeschichte.«

Elisabeth Friedmann hatte Tränen in den Augen.

»Das würde mich sehr freuen«, presste sie hervor.

Es wurde ein fröhlicher Abend.

Vorteile einer Familienstiftung aus diesem Fallbeispiel:

- Das traditionsreiche Familien-Unternehmen, das in seiner Gänze bewahrt werden soll, kann in einer Stiftung geschützt werden. Es kann so eingebracht werden, dass es unverkäuflich ist, sollte das der Wunsch des Stifters (m/w/d) sein.
- Alle Familienmitglieder, sofern sie als Destinatäre in der Stiftungssatzung vorkommen, können über Generationen über die Stiftung versorgt werden.
- Die Versorgung der Familienmitglieder über eine Stiftung ist meist steuerlich günstiger als über andere Wege.
- Das Familienunternehmen wird unabhängig von einem konkreten Familienmitglied.
- Das Thema »Erbe« ist vom Tisch und kann keine Verwerfungen in der Familie erzeugen. Allen Kindern ist frühzeitig klar, dass es kein Erbe im klassischen Sinne geben wird, sodass es sich nicht lohnt, darauf zu warten und bis dahin ggf. nichts zu tun.
- Das unternehmerische Risiko bleibt außerhalb der Stiftung und gefährdet die Stiftung nicht.

Fallbeispiel 6

Ein Heim schaffen

Eine Stiftung als Hausfinanzierung und Altersvorsorge

Ein eigenes Haus und eine gute Altersvorsorge – diese Ziele haben viele junge Menschen, wenn sie ins Berufsleben einsteigen. Das Fallbeispiel zeigt, wie sich beides realisieren lässt, ohne dabei die eingefahrenen Wege zu gehen. Eine Stiftung bietet die Möglichkeit, ein Heim für die eigene Familie zu schaffen und später von einem geregelten Einkommen im Alter zu profitieren.

Für Jörn Hartmann war seit frühester Jugend klar: Er würde einmal komfortabel und angenehm leben. Und er würde dafür immer die besten Wege suchen. Nach dem Abitur entschloss er sich dazu, Zahnmedizin zu studieren. Es ging ihm dabei nicht nur um die Behandlung der Patienten. Der gute Verdienst, den man Zahnärzten nachsagte, lockte ihn auch. Nachdem er seinen Entschluss einmal gefasst hatte, legte er sich mächtig ins Zeug. Immerhin wollte er ein so gutes Abitur machen, dass er den Numerus Clausus für das Studium erfüllen konnte. Seine Eltern staunten damals nicht schlecht, war er doch immer ein mäßiger Schüler gewesen. Doch das Ziel beflügelte ihn. Es gelang ihm, mit Bestnoten abzuschließen, und wenige Monate nach seinem Abitur hatte er den Studienplatz für Zahnmedizin in der Tasche.

Eine Lebensplanung beginnt

Bereits nach den ersten Seminaren war Jörn Hartmann verblüfft. Er hatte sich auf langwierige Vorlesungen eingestellt.

Auf eine lange Phase, in der er die Zähne zusammenbeißen musste.

Auf Jahre des Paukens, in denen er sich einzig und allein an seinem großen Ziel festhalten konnte, um schließlich die Prüfung zu bestehen und in den lukrativen Job zu starten.

Doch schon nach den ersten Veranstaltungen an der Uni stellte er fest, dass es ihm Spaß machte. Er investierte gern die Zeit, um die Zusammenhänge zu verstehen. Und von Tag zu Tag wurde das Fachgebiet für ihn spannender. Auch wenn es natürlich die ein oder andere Pflichtveranstaltung gab, die ihn weniger begeisterte. Dennoch merkte er, dass er immer mehr den Anspruch entwickelte, ein guter Zahnarzt zu werden. Der ganz nebenbei aber auch noch gut verdienen sollte.

Neben dem Studium hatte es Jörn das Uni-Leben angetan. Er engagierte sich zusätzlich zu seinem Arbeitspensum in der Fachschaft und war daran beteiligt, einige der legendärsten Studenten-Partys zu organisieren, die die Uni je gesehen hatte. Außerdem unterstützte er die neuen Erstsemester dabei, sich an der Uni zurechtzufinden.

So lernte er eines Tages Carolin kennen, ein Mädchen, das ihn von der ersten Sekunde an bezauberte, auch wenn er gerade mit einer anderen Studentin liiert war. Er dachte sich allerdings auch nichts dabei, denn wie er bald feststellte, hatte Carolin auch einen Freund. Doch wie es das Schicksal wollte, liefen er und Carolin sich immer wieder über den Weg. So saß sie eines Tages in einem Kolloquium, das er als Student eines älteren Semesters leitete. Auch in der Mensa oder in der Cafeteria sahen sie sich häufig. Und bald schon stellte Jörn fest, dass er bewusst den Weg in die Cafeteria suchte, wenn er Carolin dort vermutete.

So ging es eine ganze Weile. Und die Tatsache, dass er schließlich Carolin immer dann in der Cafeteria antraf, wenn er dorthin ging, zeigte ihm, dass sie wohl eine ganz ähnliche Strategie anwendete.

An einem sonnigen Tag auf dem Campus kam es zum ersten Mal dazu, dass er Carolin küsste. Und sie küsste ihn. Und so war es fortan klar, dass sie nun zusammen waren.

Die Trennung von seiner damaligen Freundin wurde unschön, nicht zuletzt, weil sie ihn mit Carolin einmal heimlich beobachtet hatte.

»Wie kannst du mir das antun!«

»Stell dich nicht so an. Wir sind schließlich nicht verheiratet.«

»Das werden wir jetzt auch nicht mehr!«

»Das wollte ich auch nie.«

Da beide in der Fachschaft engagiert waren, war es mit dieser Auseinandersetzung leider nicht getan. Die Kommilitonen von Jörn Hartmann ließ das allerdings zum größten Teil kalt. Einige waren sogar eher belustigt. Eine Soap-Opera live und in Farbe in der Uni hatte man schließlich nicht alle Tage.

Jörn Hartmann überstand diese Phase ohne schlechtes Gewissen. Denn für ihn war klar: Er hatte seine Seelenverwandte gefunden. Und auch hierbei galt: Er würde einmal gut und angenehm leben. Da gehörte die richtige Partnerin mit dazu.

Zum Glück sah Carolin das genauso und so schmiedeten sie gemeinsame Zukunftspläne.

Heiraten wollten sie, sobald Jörn Hartmann erst einmal richtig in seinem Beruf Fuß gefasst hatte. Kinder wollten sie haben, mindestens zwei. Und natürlich wollten sie ein Haus bauen, das ein gemütliches Heim für die Familie bot.

Von der Uni in den Beruf

Jörn Hartmann gelang ein erstklassiger Abschluss. Kein Zweifel: er hatte seine Passion gefunden. Seine Doktorarbeit war eher schon eine leidige Pflichtaufgabe, die sein Ego und sein strategisches Denken ihm aber abverlangten.

Schon klar: Um als Zahnarzt arbeiten zu können, brauchte er nicht unbedingt einen Doktortitel.

Allerdings: Die Leute würden schon lieber zu einem »Dr. med. dent.« gehen als zu einem nicht promovierten Arzt. Zumindest hatten früher seine Eltern, deren Freunde und später auch er darauf immer großen Wert gelegt.

Er suchte sich also ein Thema, wobei er sich mit der historischen Entwicklung des Zahnarztwesens und den deutlich humaner gewordenen Umgang mit den Patienten vor dem Hintergrund der Angstprävention auseinandersetzte. Es gelang ihm, genug Seiten zusammenzubekommen. Und er überstand auch die Verteidigung seiner Thesen vor seinen Professoren. Nun endlich war der Weg frei, um in den Beruf zu starten.

Selbstverständlich hatte Jörn Hartmann bereits vor seinem Abschluss und seiner Promotion Kontakte geknüpft. So hatte er bereits eine renommierte Zahnärztin kennengelernt, die eine blendend laufende Praxis führte und ihn als neuen Zahnarzt in ihrem Team anstellte.

Seine neue Chefin hatte allerdings noch einen weiteren Vorteil: Sie war in einem Alter, in dem sie vielleicht noch drei, vier oder auch fünf Jahre arbeitete, bevor sie sich zur Ruhe setzte. Jörn Hartmann war fest entschlossen: Bis zu diesem Zeitpunkt wollte er sich so weit in der Praxis etabliert haben, dass er die Praxis würde übernehmen können.

Carolin hatte zwischenzeitlich ihr eigenes Studium der Zahnmedizin aufgegeben. Sie hatte die Thematik nie so gefasst, wie es bei Jörn Hartmann der Fall gewesen war. Sie wollte ihrer eigentlichen Passion folgen und hatte sich in Literaturwissenschaften eingeschrieben. Jörn Hartmann hatte nichts dagegen. Carolin würde sowieso nicht arbeiten müssen, wenn seine Zukunftsplanungen so in Erfüllung gingen, wie er sich das vorstellte. Sie sollte viel lieber zu Hause bleiben und sich um die Kinder kümmern, die sie einmal haben würden. Ein Studium der Literaturwissenschaft bildete dafür die beste Grundlage, fand er.

Kinder und Haus – wann ist der richtige Zeitpunkt?

»Es ist doch wirklich kaum zu glauben.« Jörn Hartmann kam nach Hause und ärgerte sich. In der Hand hielt er einen Brief, den er soeben aus seinem Briefkasten geangelt hatte. »Der Vermieter will uns die Miete erhöhen. Weil er letzten Monat die Fenster erneuert hat. Und die Nebenkosten sollen auch steigen.«

»Ach, reg dich nicht so auf«, sagte Carolin. Sie stand von der Couch auf, wo sie gelesen hatte, ging zu Jörn und küsste ihn. »Die Wohnung ist doch super schön. Ich fühle mich sehr wohl hier.«

Jörn Hartmann verzog das Gesicht. »Ja, aber …«, es bereitete ihm wirklich Unbehagen, »… wenn ich sehe, wie viel Geld hier Monat für Monat draufgeht … da können wir ja fast schon selbst bauen.«

»Wir wollten doch sowieso in diesem Jahr heiraten. Dann können wir doch auch ein Haus kaufen und ein Darlehen aufnehmen«, sagte Carolin.

Genau das störte Jörn. Nicht das Heiraten, sondern das Darlehen. »Wir werden uns ein Leben lang verschulden«, gab er zurück und ging erst mal in sein Arbeitszimmer.

Er setzte sich an seinen Schreibtisch und legte einen Zeigefinger vor seine Lippen. Er überlegte.

Carolin hatte eigentlich Recht. Der Zeitpunkt war ideal. Doch es müsste doch noch andere Wege geben, ein Haus zu finanzieren, als über ein klassisches Darlehen bei der Bank. Gleichzeitig musste er sich dringend auch um seine Altersvorsorge kümmern.

Allerdings war er zu einem wirklich guten Zahnarzt geworden. Seine Patienten kamen gern zu ihm und vertrauten ihm auch. Nur in Finanzen und all diesen Dingen kannte er sich nicht richtig aus. Er wusste aber auch nicht so wirklich, wen er hätte fragen können.

Ein wichtiger Patient

Die Lösung für sein Problem kam ganz unvermittelt. Jörn Hartmann kam gut gelaunt in die Praxis, so wie er es immer tat. Denn hier fühlte er sich einfach wohl. Er grüßte die Arzthelferinnen. Im Wartezimmer saßen schon die ersten Patienten.

»Jetzt gerade ist ein Notfall reingekommen«, sagte Marie, eine der Arzthelferinnen, und deutete einmal kurz mit dem Kinn in Richtung Wartezimmer. »Der Herr dort im Anzug hat akute Zahnschmerzen.«

»Dann werden wir uns direkt um ihn kümmern«, sagte Jörn Hartmann fröhlich. »Ich ziehe mich nur eben um.«

Es dauerte keine fünf Minuten und Jörn Hartmann betrat das Behandlungszimmer. Jessica, eine weitere Arzthelferin, hatte bereits alles vorbereitet. Der Patient hatte seine Krawatte und seine Anzugjacke abgelegt, saß im Behandlungsstuhl und blickte furchtsam.

»Guten Morgen«, begrüßte Hartmann seinen neuen Patienten freundlich. »Dann wollen wir mal schauen, wo die Zahnschmerzen herkommen.«

Der Patient antwortete unverständlich. Er hatte bereits Wattekissen im Mund, um den Zahn besser zugänglich zu machen.

Die nächste halbe Stunde war Jörn Hartmann beschäftigt. Ein Nerv in einem der oberen Backenzähne hatte sich entzündet. Jörn Hartmann wusste genau, was er tat, und versuchte gleichzeitig, so schonend wie möglich mit dem Patienten umzugehen. Trotzdem war die Behandlung unangenehm, obwohl durch die Sedierung vom Bohren nicht viel zu spüren sein durfte.

»Sie werden noch einmal wiederkommen müssen«, erklärte er seinem Patienten, nachdem er dessen Mund ausgespült hatte. »Ich habe den Zahn jetzt nur provisorisch verschlossen. Hier müssen wir noch eine dauerhafte Füllung einsetzen.«

Der Patient bedankte sich.

»Falls Sie eine Bescheinigung für Ihren Arbeitgeber benötigen sollten, erhalten Sie gern eine an der Theke.«

»Ich brauche keine Bescheinigung. Ich bin mein eigener Arbeitgeber.«

»Ach so? Na, umso besser«, meinte Jörn Hartmann. »Was machen Sie denn, wenn ich fragen darf?«

»Ich bin Stiftungsberater.«

Jörn Hartmann hatte noch nie davon gehört, dass es sowas überhaupt gab, und hätte sich gern noch näher mit seinem neuen Patienten unterhalten, doch im Hintergrund drängte bereits Marie.

»Herr Doktor, die nächsten Patienten warten.«

»Ja, natürlich«, antwortete Jörn Hartmann seiner Angestellten und sagte zu seinem Patienten: »Vereinbaren Sie bitte einen neuen Termin für die kommende Woche. Wir sehen uns dann.«

Ein kurzer Händedruck, dann ging der Praxisalltag für Jörn Hartmann weiter. Aufgrund der morgendlichen Wurzelbehandlung war er nun deutlich im Rückstand und musste sich ranhalten, um sein Pensum abzuarbeiten.

Erst am Abend saß er dann wieder in seinem Arbeitszimmer und grübelte.

»Stiftungsberater«.

Was ein Stiftungsberater wohl macht?

Jörn Hartman fuhr seinen Computer hoch und öffnete eine Suchmaschine. Zum Thema Stiftungsberatung gab es so einiges: Ausbildung zum Stiftungsmanager, Stiftungsberatungsangebote von Kanzleien, die ihm aber so unkonkret waren, dass er entnervt weiterklickte. Auf den Seiten hatte er nach einem Foto seines neuen Patienten gesucht, da er sich nicht mehr an den Namen erinnern konnte. Der Arbeitstag war einfach zu lang gewesen. Die Bildersuche blieb leider ohne Erfolg. Er würde morgen noch einmal in die Patientenakte schauen müssen, um mehr in dieser Richtung herauszufinden.

Aufgrund seiner Müdigkeit wollte Jörn Hartmann keine langen Textwüsten durchforsten zu dem Thema, das ihn irgendwie nicht losließ. Daher schaute er sich noch ein paar Videos im Netz dazu an. Was die Berater dort zum Thema Stiftung zum Besten gaben, fand er hoch interessant. Er hatte natürlich grundsätzlich gewusst, dass es Stiftungen gibt. Er hatte sich allerdings nie näher damit befasst. Warum auch?

Für ihn waren Stiftungen Einrichtungen, die Stipendien an mittellose Studenten vergaben oder sich in einer sonstigen Weise gemeinnützig engagierten.

Auf der Website ging es allerdings um etwas ganz anderes. Hier ging es um Stiftungen, die private Zwecke erfüllten. Er las etwas von Vermögensschutz und Vermögensaufbau.

»Ideal für Freiberufler«, hörte er in einem der Videos.

Nun, als Arzt war er im Moment noch angestellt. Sobald er jedoch die Praxis übernehmen würde, würde sich das ändern. Dann wäre er ein Freiberufler.

Lange würde das tatsächlich nicht mehr dauern. Es war Jörn Hartmann gelungen, sich in die führende Position unter den Nachfolgern zu schieben.

Gut, ein bisschen Glück war dabei. Der Anwärter mit den ältesten Ansprüchen hatte eine gute Gelegenheit genutzt, um den Sprung in die Selbstständigkeit noch früher zu wagen. Er hatte eine andere vielversprechende Praxis gefunden, die er nun unter eigenem Namen betrieb. Im Guten war er ausgeschieden und hatte damit Jörn ganz unbewusst das Feld kampflos überlassen.

Eines Tages, es war gerade einmal drei Wochen her, hatte seine Chefin ihn nach Feierabend gebeten, noch kurz auf ein Wort in ihr Büro zu kommen. Jörn folgte der Bitte gern, denn er hatte sich nichts zuschulden kommen lassen und ging deshalb mit einer positiven Erwartungshaltung ins Gespräch.

»Sie wissen, dass ich nicht mehr die Jüngste bin«, hatte seine Chefin das Gespräch begonnen.

Eloquent hatte Jörn Hartmann das Ganze natürlich verneint und das Thema heruntergespielt. »Sie? Sie sind doch noch weit davon entfernt, in irgendeiner Weise alt zu sein.«

Seine Chefin hatte gelacht. »Es ist wirklich kein Wunder, dass Sie bei den Patienten so beliebt sind.« Im nächsten Augenblick wurde sie dann allerdings wieder ernst. »Daher denke ich, dass das, was ich Ihnen nun vorschlagen möchte, gefallen wird.«

Jörn Hartmann war zu dem Zeitpunkt voller Vorfreude gewesen. Denn natürlich wusste er, was im nächsten Augenblick folgen würde.

»Ich habe mir vorgenommen, mich im nächsten Jahr zur Ruhe zu setzen. Und ich würde mich freuen, wenn Sie die Praxis übernehmen würden. Bei Ihnen bin ich mir sicher, dass Sie sie in meinem Sinne weiterführen und die Patienten auch weiterhin in guten Händen sind.«

»Sie schmeicheln mir«, hatte Jörn Hartmann gesagt.

»Zu Recht.«

Und so trafen sie an diesem Abend eine Vereinbarung. Damit war es offiziell: Jörn Hartmann war der designierte Nachfolger für die Praxis.

Sein Traum war wahr geworden.

Viel früher, als er damit gerechnet hätte.

Auf dem Rückweg hatte er kurz angehalten. Er besorgte für Carolin den größten Blumenstrauß, den er finden konnte. Und eine Flasche Sekt, zum Anstoßen.

»Heute gibt es Grund zum Feiern«, hatte er beim Hereinkommen gesagt.

Sie war ihm um den Hals gefallen und hatte ihn geküsst und beglückwünscht. An dem Abend machte er ihr auch einen Heiratsantrag.

»Nun endlich«, hatte er gesagt, »nun endlich sitze ich fest genug im Sattel. Jetzt können wir voll in unsere Zukunft starten.«

Genauso wie der Eintritt in die Praxis, der Weggang des Kollegen und das Gespräch an jenem Abend Glücksfälle gewesen waren, so könnte auch der Besuch des Stiftungsberaters ein Glücksfall gewesen sein, überlegte er.

Jörn Hartmann schloss den Webbrowser auf seinem Smartphone und legte es zur Seite. Er war müde. Und er wusste ja, dass der Stiftungsberater, den er eigentlich suchte, ganz von allein noch mal zu ihm kommen würde. Und zwar, wenn es Zeit war, das Provisorium durch eine dauerhafte Zahnfüllung zu ersetzen.

Ich werde ihn einfach ansprechen, überlegte er.

Terminvereinbarung der besonderen Art

»Ich weiß, es kommt etwas ungelegen, aber ich habe mich ein bisschen mit dem Thema Stiftungen befasst.«

Der Stiftungsberater – Bernd Müller, wie Jörn Hartmann inzwischen herausgefunden hatte – antwortete nicht. Er saß im Behandlungsstuhl und ließ die weitere Behandlung durch seinen Zahnarzt über sich ergehen. Jörn Hartmann hatte gerade die provisorische Füllung aufgebohrt und erzählte munter weiter.

»Naja, also ich habe gesehen, dass es da unheimlich viele Möglichkeiten gibt und da habe ich mir gedacht, dass ein solches Modell auch für mich passen könnte. Hier einmal absaugen bitte, Jessica.«

Bernd Müller gab ein unbestimmtes Geräusch von sich.

»Sie müssen wissen, ich stehe gerade an einer Stelle in meinem Leben, an der ich viele Entscheidungen treffen muss. Und da dachte ich mir, es gibt doch sicherlich noch Lösungen, die über die reine Lebens- oder Rentenversicherung hinausgehen. Oder bei der Finanzierung einer Immobilie, da muss es doch auch mehr Möglichkeiten geben, nicht wahr?«

Wieder gurgelte der Stiftungsberater irgendwas.

»Ja, ich sagte ja bereits. Es ist jetzt wahrscheinlich nicht so passend … Jessica, Sie können schon mal das Füllmaterial anrühren.«

Jörn Hartmann wechselte das Instrument und wandte sich dann wieder seinem Patienten zu. »Aber ich denke mal, es ist ja erst mal nicht schlecht, wenn ich mich ein bisschen informiere und schlau mache. Nochmal absaugen bitte, Jessica.«

Gekonnt formte Jörn Hartman die Oberfläche der Füllung.

»Es würde mich auf jeden Fall freuen, wenn Sie sich einmal ein bisschen Zeit für mich nehmen könnten. So, und jetzt bitte einmal kräftig die Zähne aufeinanderbeißen, wir prüfen, ob das passt … ja, gut … jetzt noch einmal … gut, passt. Jetzt bitte spülen. Wir sind fertig.«

Der Stiftungsberater nahm einen Schluck Wasser aus dem bereitgestellten Becher in den Mund und spülte ein paar Mal aus.

»Wir können gerne einen Termin vereinbaren«, sagte er, ein wenig außer Atem und mitgenommen von der Behandlung. »Ich gebe am besten gleich an der Theke meine Karte ab.«

»Wunderbar«, meinte Jörn Hartmann und reichte seinem Patienten die Hand. »Dann bis demnächst und alles Gute. Ich muss weiter.«

Jörn Hartmann verschwand aus dem Behandlungszimmer, während sich sein Patient noch einmal in den Behandlungsstuhl zurücklehnte.

Ein optimal geplanter Start in die Zukunft

Zwei Wochen später sahen sich Jörn Hartmann und Bernd Müller wieder – diesmal in den geschäftlichen Räumen der Stiftungsberatung.

»Wie geht es dem Zahn?«, fragte Jörn Hartmann.

Der Stiftungsberater lachte. »Alles bestens«, antwortete er und bleckte leicht die Zähne. »Keinerlei Beschwerden mehr.«

»Das freut mich.«

Bernd Müller bot Jörn Hartmann mit einer einladenden Geste einen Platz an einem Konferenztisch an. Hartmann setzte sich.

»Doch heute begeben wir uns einmal auf mein Spezialgebiet«, leitete er das Gespräch ein. »Sie haben also bestimmte Vorstellungen, wie Sie sich für die Zukunft aufstellen möchten.«

»Naja, nicht direkt«, sagte Hartmann. »Ich habe nur Bedenken, mich in die unwägbare Abhängigkeit von Banken oder Versicherungen zu begeben. Einerseits, was die Hausfinanzierung meines zukünftigen Eigenheims angeht, und andererseits aber auch, was meine Altersvorsorge angeht. Ich habe einfach das Gefühl, da müsste es doch noch mehr geben. Ich meine: Bei den Lebensversicherungen gibt es doch kaum noch Rendite. Und wenn ich nun eine Versicherung abschließe, die im Grunde nur die Beiträge wieder auszahlt, die ich eingezahlt habe – vielleicht ein bisschen mehr –, dann kann ich das Geld ja gleich selbst Monat für Monat auf ein Sparbuch packen, das ich mir ab einem bestimmten Alter wieder auszahle.«

»Sie haben Recht«, sagte Müller und lächelte. »Es gibt tatsächlich mehr Möglichkeiten. Eine Stiftung kann Ihnen durchaus weiterhelfen.«

»Deswegen bin ich hier. Ich habe ein bisschen vorrecherchiert und gesehen, dass eine Stiftung vor allem auch für Freiberufler sinnvoll sein kann. Ich werde bald Freiberufler sein, doch ich habe nicht so ganz verstanden, wie ich nun von einer Stiftung profitieren soll.«

»Ich erkläre es Ihnen gern«, sagte Bernd Müller. »Wir gründen eine Stiftung, in die Sie einen bestimmten Betrag, den wir noch genauer berechnen werden, einbringen. Die Stiftung wird für Sie das Eigenheim erwerben und auch das Darlehen bei der Bank aufnehmen. Sie werden sich dann praktisch selbst in Ihr eigenes Haus einmieten. So kann das Haus nach und nach abbezahlt werden, ohne dass Sie der eigentliche Schuldner sind. Die Stiftung nutzt die Mieteinnahmen wie gesagt zunächst, um den Immobilienkredit zu tilgen. Anschließend baut sie Kapital auf. Der Stiftungszweck ist, die Altersvorsorge für Sie und Ihre Familie zu sichern. Sollten Sie sich irgendwann einmal entschließen, sich zur Ruhe zu setzen, können Sie mietfrei in der Immobilie wohnen. Außerdem können Sie die Erträge aus dem Vermögen, das sich in der Stiftung gebildet hat, zusätzlich für sich nutzen.«

»Das klingt sehr gut«, sagte Hartmann. »Aber es klingt auch ziemlich aufwendig. Ich kenne mich in all den Finanzfragen nicht so sehr aus und weiß nicht, ob ich da meine eigene Stiftung leiten kann.«

Bernd Müller hob beschwichtigend die Hände. »Das müssen Sie auch gar nicht. In Ihrem Fall wäre eine sogenannte Treuhandstiftung die beste Lösung. Sie bereitet nur sehr wenig Verwaltungsaufwand. Sie übergeben das Geld, das Sie in die Stiftung einbringen, per Stiftungsvertrag einem Treuhänder, der es ganz im Sinne des Stiftungszwecks anlegt und verwaltet. Auf diese Weise haben Sie so gut wie keinen Aufwand. Die Treuhandstiftung bietet darüber hinaus noch einen weiteren Vorteil gegenüber der selbstständigen Stiftung. Sie muss nicht von der Stiftungsaufsicht genehmigt werden und wir können sehr flexibel und kurzfristig alles einrichten.«

»Ein Treuhänder«, überlegte Jörn Hartmann. »Und was ist, wenn mein Treuhänder versterben sollte?«

Bernd Müller musste lachen. »Eine gute Frage. Aber Treuhänder bedeutet nicht, dass es eine natürliche Person, also ein echter Mensch sein muss. Viel sinnvoller ist, dass ein Unternehmen dafür eingesetzt wird. Unsere Stiftungsberatung bietet beispielsweise die Verwaltung von Treuhandstiftungen an. Es gibt außerdem verschiedene Anwälte, die sich mit ihren Kanzleien darauf spezialisiert haben. So ist sichergestellt, dass Ihre Interessen als Stifter auf lange Sicht gewahrt sind. Im Grunde auf ewig – denn darauf sind Stiftungen angelegt.«

Es folgten noch mehrere Gespräche dieser Art und Jörn Hartmann war immer begeisterter. Mit der Stiftung hatte er die Lösung gefunden, die er seit langem gesucht hatte. Sie garantierte ihm das gute Leben, das er sich immer erträumt hatte. Er würde sich voll und ganz auf seinen Beruf konzentrieren, den er liebte, während ein Treuhänder sich im Hintergrund um alle Belange der Immobilienfinanzierung und der Altersvorsorge kümmerte. Die monatlichen Beträge wie die Miete, die er zahlen musste, hätten nicht länger den Malus, verloren zu sein. Sie wären vielmehr kleine Mosaiksteinchen, aus denen sich Stückchen für Stückchen das Bild für einen ruhigen und gut abgesicherten Lebensabend zusammensetzte.

Die Stiftung entsteht

Mit dem Stiftungsberater hatte Jörn Hartmann abgesprochen, dass er die Stiftung gründen wolle, sobald er die Praxis übernommen und seine Carolin geheiratet hatte. Die Hochzeit wurde ein rauschendes Fest. Mehr als 100 Gäste waren eingeladen, die das junge Glück von Jörn und Carolin Hartmann feierten. An dem Hochzeitstag nahm sein Schwiegervater Jörn beiseite und sagte ihm, dass er die Kosten für die Praxisübernahme übernehmen wolle. Jörn Hartmann konnte sein Glück kaum fassen. Das war nämlich der größte Brocken, den er noch vor sich sah und der einen Großteil seiner privaten Rücklagen aufgezehrt hätte. So war klar, dass er ausreichend Geld in die Stiftung einbringen konnte, damit diese einen Immobilienkredit würde aufnehmen können.

Die Flitterwochen führten Carolin und Jörn einmal rund durch Frankreich. Eine wunderschöne und romantische Zeit, die Jörn Hartmann auf keinen Fall missen wollte. Allerdings war er die ganze Reise über voller Vorfreude. Denn nach seiner Rückkehr stand ein weiterer sehr wichtiger Schritt in seinem Leben an: Er würde den Vertrag unterschreiben, mit dem die Praxis in seinen Besitz überging. Sein großes Ziel eines sicheren und guten Lebens wäre mit dem gut etablierten Betrieb erreicht.

»Das wäre es dann schon«, der Stiftungsberater packte die Verträge weg, die Jörn Hartmann soeben unterschrieben hatte. »Die Stiftung ist damit in trockenen Tüchern. Sobald das Geld eingegangen ist, nimmt sie ihre Arbeit auf.«

»Ein gutes Gefühl«, stellte Jörn Hartman fest. »Ich freue mich sehr.«

»Das können Sie auch. Ihre Zukunft ist jetzt gut abgesichert.«

Jörn Hartmann hatte gemeinsam mit Bernd Müller an dem ursprünglichen Plan festgehalten. Nachdem er die Praxis übernommen hatte, hatte Bernd Müller alle notwendigen Dokumente aufsetzen lassen. Seine Stiftungsberatung würde der Treuhänder sein, der die Stiftung von Jörn Hartmann verwalten sollte. Schon im Vorfeld hatte Jörn mit Carolin eine Immobilie ausgewählt, die die Stiftung erwerben sollte. Es war ein großes, freistehendes Einfamilienhaus, das in der besten Lage der Stadt versteckt in einem kleinen Waldstück lag. Trotzdem waren alle Einrichtungen des täglichen Bedarfs nah genug, man konnte sie in wenigen Minuten erreichen. Darunter waren auch verschiedene Schulen, was dem jungen Ehepaar wichtig war. Denn zu diesem Zeitpunkt war Carolin bereits schwanger.

Wenn Jörn Hartmann sich selbst auf dem Balkon seines Hauses sah und sich vorstellte, wie seine Kinder im Garten spielten und er von seiner Arbeit abschalten konnte, wurde ihm ganz warm ums Herz und ein wunderbares Gefühl der Zufriedenheit kam auf. Er hatte bislang alles erreicht, was er im Leben erreichen wollte. Besser ging es kaum.

Ein gut gesicherter Lebensabend

Jörn und Carolin Hartmann fühlten sich wohl in ihrem neuen Zuhause. Sie zahlten Monat für Monat ihre Miete an die Stiftung und sie taten es gern. Denn sie wussten, dass sie mit jeder Zahlung eine Investition in ihre eigene Zukunft tätigten. Einmal pro Jahr traf Jörn sich mit Bernd Müller, um die Entwicklungen in der Stiftung durchzugehen. Die Stiftung investierte – neben den Mieteinnahmen – mit geliehenem Geld in verschiedene, hoch lukrative Finanzanlagen. Dabei war es Jörn Hartmann allerdings wichtig, dass auch die notwendige Sicherheit gewahrt blieb. In jedem Fall entstand auf diese Weise über Jahrzehnte hinweg ein stattliches Vermögen, das sich noch zügiger vermehrte, als das Haus abbezahlt war. Denn nun konnte die Miete ebenfalls noch zusätzlich für den Vermögensaufbau genutzt werden.

Im Privaten lief bei Jörn Hartmann alles perfekt. Er sah seine Kinder – zwei an der Zahl – aufwachsen und freute sich, als sowohl sein Sohn als auch seine Tochter das Abitur an dem nahegelegenen städtischen Gymnasium machten. Beide wollten studieren, aber keines seiner Kinder wollte in seine Fußstapfen als Zahnarzt treten. Für Jörn Hartmann war das vollkommen in Ordnung. Seine Kinder sollten ihren eigenen Weg im Leben finden und finden dürfen.

Jörn Hartmann sah, wie seine Kinder das Studium abschlossen, wie sie selbst Familien gründeten und ihr eigenes Leben lebten und genossen. Das brachte ihm eine große Zufriedenheit, auch wenn er sich so langsam selbst nach einem Nachfolger umsehen musste. Nach mehreren Jahrzehnten in der Praxis war seine Begeisterung für die Zahnmedizin zwar weiterhin da. Aber er freute sich darauf, bald andere Dinge zu tun. Jörn Hartmann hatte sich entschlossen, sich zur Ruhe zu setzen.

So kam der Tag, an dem er einen seiner langjährigen Mitarbeiter nach einem Arbeitstag noch einmal kurz in sein Büro bat.

»Sie wissen, ich bin nicht mehr der Jüngste«, begann er diesmal selbst das Gespräch. Und genau wie einst er selbst, ging diesmal sein Mitarbeiter eloquent über die Bemerkung hinweg.

Jörn Hartmann lachte: »Es ist kein Wunder, dass Sie bei den Patienten so beliebt sind.« Und dann machte er das Angebot, das er selbst vor Jahrzehnten erhalten hatte: »Ich möchte gern, dass Sie meine Praxis übernehmen. Denn ich weiß, dass meine Patienten bei Ihnen in guten Händen sind und Sie die Praxis in meinem Sinne weiterführen.«

Eine neue Aufgabe

Jörn Hartmann hatte seine Arbeit immer geliebt, doch nun fühlte er sich dennoch ein Stück weit befreit. Mit Bernd Müller, zu dem er immer noch einen engen Kontakt pflegte, auch wenn der Stiftungsberater selbst bereits im Ruhestand war, hatte er für diesen Moment einen genauen Plan ausgeheckt.

Jörn Hartmann wollte sich fortan selbst um das Vermögen seiner Stiftung kümmern. Die Jahre in der Selbstständigkeit hatten ihm die Angst vor Kapitalanlagen und all diesen Dingen vollständig genommen. Aus diesem Grund stand der Stiftung eine Umwandlung bevor: Aus der Treuhandstiftung sollte eine selbstständige Stiftung werden, in der Jörn Hartmann die Rolle des Vorstandes übernahm.

Für seine Arbeit als Vorstand zahlte die Stiftung ihm eine Aufwandsentschädigung. Alles Geld, was er darüber hinaus noch für sich und seine Frau benötigte, wurde als Ausschüttung von der Stiftung gezahlt.

Dieses Geld musste er genauso wie andere Kapitalerträge versteuern, was allerdings deutlich günstiger war als die Einkommenssteuer.

Neben sich selbst versorgte Jörn Hartmann außerdem seine Kinder über die Stiftung. Sie erhielten beispielsweise Geld für die Erziehung und Ausbildung ihrer Kinder. In der Stiftungssatzung war geregelt, dass nach ihm auf jeden Fall ein Mitglied seiner Familie den Vorstandsposten in der Stiftung übernehmen musste. Somit waren auch seine Nachkommen bestens versorgt, während Jörn Hartmann im Alter auf nichts verzichten musste und einen hohen Lebensstandard pflegen konnte.

Sein Ziel war immer gewesen, gut zu leben. Das hatte er geschafft. Und das machte Jörn Hartmann letztlich stolz und zufrieden.

Vorteile einer Familienstiftung aus diesem Fallbeispiel:

- Die Stiftung baut Vermögen auf, welches dann als Altersvorsorge bei Bedarf genutzt werden kann.
- Der Vermögensaufbau zur Altersvorsorge erfolgt transparent und nicht intransparent in Form von Versicherungs- oder Bankprodukten mit entsprechenden Kostenstrukturen.
- Der Vermögensaufbau kann somit selbst gesteuert werden.
- Der Wunsch nach der eigenen Immobilie kann durch eine Stiftung wirtschaftlich deutlich günstiger gestaltet werden als im Eigenerwerb.
- Statt Miete zu zahlen wird Vermögen aufgebaut, ein dienendes Vermögen.
- Die Stiftung ist hier Eigentümer der selbst bewohnten und später auch der fremd vermieteten Immobilien. Die Immobilien sind getrennt vom privaten Vermögen des Stifters und der Familie. Dies hat zahlreiche Vorteile, die je nach persönlicher Situation des Stifters unterschiedlich ins Gewicht fallen.
- Die Immobilie zählt im Falle der Scheidung nicht. Das Risiko eines schnellen und damit ungünstigen Verkaufs der Immobilie, um den jeweils anderen auszuzahlen, entfällt.
- Schutz des Vermögens durch gänzliche Trennung von Person und Stiftung.
- Wenn eine Stiftung vor dem Erwerb von Immobilien gegründet wird, hat das große finanzielle Vorteile.
- Grundsätzlich gilt: Je früher eine Stiftung als Fundament in das finanzielle Gesamtkonstrukt mit eingebunden wird, desto besser, klarer und lukrativer.
- Nur das für den aktuell benötigten Lebensunterhalt benötigte Geld kann flexibel ausgeschüttet werden zum optimierten Steuersatz.
- Durch das Einsetzen eines Treuhänders ist der Aufwand im Alltag für den Stifter minimal und er/sie kann sich seiner/ihrer Kerntätigkeit widmen. Später kann die Stiftung auf Wunsch auch in eine selbstständige Stiftung umgewandelt werden.

Stiften statt schenken

Eine Stiftung als Gläubiger

Die Idee, eine Stiftung zu gründen, entsteht meist erst, wenn ein entsprechend großes Vermögen frei zur Verfügung steht. Wächst das Vermögen allerdings nicht in der Stiftung, sondern wird von außen eingebracht, fällt Schenkungssteuer an. Das Fallbeispiel zeigt, wie sich dieses Problem lösen lässt.

Meta Adamir galt als eine der begabtesten Finanzjongleurinnen der deutschen und internationalen Finanzbranche. Wenn Adamir investierte, zog sie viele andere mit. Und wenn Adamir verkaufte, konnte es für das Unternehmen hinter den jeweiligen Aktien schon mal brenzlig werden. Denn dann flohen auch weitere Anleger aus der Kapitalanlage und der Aktienkurs konnte empfindlich einbrechen. Ihr Reichtum war in der Branche legendär, sonst wusste man nicht viel über die stille Frau mit den dunklen Haaren, der kleinen Nickelbrille und dem etwas langweiligen Pferdeschwanz.

An diesem Abend saß Meta Adamir in ihrem Lieblingssessel, der in dem weitläufigen Wohnzimmer ihres Penthouses stand. Die große Fensterfront eröffnete einen atemberaubenden Blick über das nächtliche Frankfurt. Das Bankenviertel mit seinen Wolkenkratzern stach hervor. Sie sah die Logos der großen Bankhäuser, die über den hell erleuchteten Fenstern der unter ihnen liegenden Etagen thronten. Diesen Ausblick hatte sich Meta Adamir einiges kosten lassen, als sie das Penthouse erwarb. 350 Quadratmeter hatte sie hier zur Verfügung, aufgeteilt in großzügig geschnittene Zimmer und einen riesigen Wohn- und Essbereich mit offener Küche. Im Sommer lockte eine großzügige Dachterrasse ins Freie, von der aus man den Überblick über Frankfurt noch besser genießen konnte.

Doch es war nicht so, dass sie diese Fläche benötigt hätte. Sie hatte weder Mann noch Kinder. Und viel war sie sowieso nicht hier zu Hause. Immer wieder hatte sie Geschäftsessen, einen großen Freundes- und Bekanntenkreis und noch mehr Leute, die sich nach einem Treffen mit ihr sehnten, wahrscheinlich sogar Geld dafür bezahlt hätten.

Dennoch war Meta Adamir an diesem Abend trübsinnig. Wie regelmäßig einmal im Jahr. Denn heute war ihr Geburtstag. Und wie üblich verbrachte sie ihn allein.

Es lag nicht an ihren Bekannten oder Freunden, dass sie an diesem Tag allein war. Vielmehr wusste niemand ihr genaues Geburtsdatum. Meta Adamir mochte es auch nicht, ihren eigenen Geburtstag zu feiern. Immerhin hatte sie nichts dafür geleistet und im Grunde hieß jeder Geburtstag nur, dass sie ein Jahr älter wurde.

Heute wurde sie 49 Jahre alt. Ein Jahr noch, dann würde sie ein halbes Jahrhundert schon auf dieser Erde weilen. Und wie an jedem Geburtstag fragte sie sich, ob ihr Leben richtig verlief. Es stimmte schon: Sie hatte viel erreicht. Doch mitnehmen konnte sie davon nichts. Es ging ihr nicht um Ruhm. Irgendwer würde schon kommen und den Namen ihrer Investmentfirma zu nutzen wissen, sodass ihr Name unsterblich sein würde. Wahrscheinlich war er es jetzt schon. Als lebende Legende des Finanzwesens. Was sie bewegte, war etwas anderes: Sie wollte einen Teil ihres Vermögens weitergeben, sodass sich einige Leute gern an sie zurückerinnerten und nicht die bloßen Fakten auf Wikipedia nachschauten.

Erinnerungen kamen Meta Adamir in den Sinn. Erinnerungen an ihr Leben und wie damals alles begann. Nun musste sie doch lächeln. Denn sie hatte in ihrem Leben sehr viel Glück gehabt, das sie durch ihr Talent für Finanzanlagen nutzen konnte. Die ersten Geschäfte schloss sie dabei keineswegs an irgendeiner Börse ab. Das Interesse für das Geschäft begann bei ihr schon viel früher.

Handel als Kinderspiel

Meta Adamir konnte sich noch gut daran erinnern, dass sie zu ihrem vierten Geburtstag einen Kaufladen von ihren Eltern geschenkt bekommen hatte. Damit öffnete sich für sie die Tür in eine Welt, die sie von Beginn an liebte.

Sie liebte die kleinen Päckchen und Plastikfrüchte.

Sie liebte die kleine Registrierkasse.

Und sie liebte das Spielgeld, mit dem sie bestückt war.

Doch am meisten liebte sie, wenn sie das Geld an ihre Eltern verteilt hatte und sie es ihr nach und nach im Gegenzug gegen einige der Waren wieder zurückgaben.

»Das ist aber teuer«, sagten sie manchmal.

»Das ist halt so«, gab Meta Adamir dann zurück.

Oder: »Aber nirgendwo ist das Gemüse so frisch wie hier.«

Oder: »Dann müssen Sie halt woanders hingehen.«

Ihre Eltern waren über diese Antworten immer sehr amüsiert und fanden sie geradezu niedlich. Meta Adamir hingegen lernte hier die ersten Grundzüge der Wirtschaft.

Sie erkannte: Wenn sie die Einzige war, die etwas anbieten konnte, konnte sie so gut wie jeden Preis dafür verlangen.

Sie erkannte: Wenn sie etwas anbot, das andere auch anbieten konnten, musste ihre Ware in irgendeiner Weise besser sein.

Und sie erkannte: Weil sie so niedlich war, bekam sie sowieso das ganze ausgeteilte Spielgeld von ihren Eltern im Laufe des Spiels wieder zurück.

Die letzte Erkenntnis verblasste mit den Jahren genauso wie ihre Niedlichkeit. Die anderen beiden Erkenntnisse begleiteten sie bis heute und beschrieben einige der Grundprinzipien, denen sie bei ihren Geschäften folgte.

Als Meta Adamir in die Schule kam, weckte vor allem die Mathematik ihr Interesse. Das Jonglieren mit Zahlen lag ihr. In der zweiten Klasse rechneten sie mit Spielgeld. Das lag ihr noch mehr.

»Um dich müssen wir uns wohl keine Sorgen machen«, lachte die Lehrerin, wenn sie die Aufgaben sah, die sie gerechnet hatte. In

Deutsch sagte sie das nicht zu ihr, aber das war am Ende egal. Mit Ach und Krach bekam sie eine eingeschränkte Gymnasialempfehlung. Ihre Eltern waren stolz auf ihre Tochter und setzten durch, dass sie auch tatsächlich ein Gymnasium besuchen konnte. Sie wählten eine naturwissenschaftlich-mathematisch ausgerichtete Schule, auch wenn diese Ausrichtung heutzutage einer vergangenen Zeit zu entstammen schien.

Auf dem Gymnasium zeigte sich, was sich in der Grundschule bereits andeutete: Meta Adamir hatte ein außerordentliches mathematisches Talent, hinter dem ihre Anlagen in den anderen Fächern zurückstanden.

Das war allerdings nur die halbe Wahrheit.

Meta Adamir befasste sich einfach auch nur gerne mit den Dingen, die sie als sinnvoll erachtete.

Prozentrechnung: interessant.

Gedicht-Interpretation: nicht interessant.

In Englisch beispielsweise hatte sie überhaupt keine Probleme. Sie hatte früh erkannt, dass ihr in diesem Fach die Fähigkeiten vermittelt wurden, mit Menschen in aller Welt in Kontakt zu treten.

Das gefiel ihr.

Denn in aller Welt gab es mit Sicherheit Leute, die mit ihr handeln wollen würden.

Ihr Handelstalent wurde von Tag zu Tag ausgeprägter. Sie wusste es für sich zu nutzen. Mit einem Freund tauschte sie beispielsweise dessen Skateboard gegen zwei Matchbox-Autos. Ein lächerlich niedriger Preis, wie sie fand. Hatte sie doch schließlich dutzende Matchbox-Autos zu Hause in ihrer Spielkiste. Andrerseits wusste sie ungeliebte Geburtstags- und Weihnachtsgeschenke zu versilbern, indem sie sie wiederum gegen Matchbox-Autos eintauschte. Für sie war klar, dass sie irgendwann etwas mit Handel machen würde, wenn sie die langwierige Schulzeit hinter sich gebracht hatte.

Hinwendung zum Pragmatismus

Ihre Schulzeit sollte allerdings nicht so schnell enden wie erhofft. Ihren erstklassigen Leistungen in Mathematik und Englisch standen schlechte, ja, zu schlechte Leistungen in Deutsch, Kunst, Musik und so ziemlich allen anderen Fächern gegenüber. Besonders hasste sie Sport. Dieses Fach war aus ihrer Sicht nur erfunden worden, um Schülerinnen wie sie zu quälen, und Schülern, die in anderen Fächern keine guten Leistungen brachten, die Chance für eine gute Note einzuräumen.

Das alles konnte auf Dauer nicht gutgehen. In der achten Klasse war es dann so weit, dass sie die Versetzung nicht mehr schaffte.

Für sie brach eine Welt zusammen.

Ihre Eltern, durch zahlreiche blaue Briefe und Mahnungen bei Elternsprechtagen vorgewarnt, reagierten gut in der Situation.

»Du wirst dich mit den anderen Fächern arrangieren müssen«, sagte ihr Vater ihr eines Tages. »Es ist im Leben nun mal so: Man kann nicht nur das tun, was man gerne macht. Manchmal muss man auch unangenehme Aufgaben meistern.«

Meta Adamir dachte darüber nach und erkannte, dass ihr Vater Recht hatte. An ihrer bisherigen schulischen Laufbahn konnte sie jetzt nichts mehr ändern. Aber das, was noch kam, hatte sie in der Hand.

Es war Zeit, das Schicksal selbst in die Hand zu nehmen und sich durch all die ungeliebten Fächer hindurchzukämpfen. Das tat sie, als sie die achte Klasse wiederholte. Sie lernte für ihre Schwächen und bemühte sich auch in Kunst, so gut es ging. In Sport zeigte sie ein Mindestmaß an Interesse, musste dann aber sogar feststellen, dass die Bewegung Spaß machen konnte. Die größte Steigerung hatte sie allerdings in Deutsch. Die Grammatik, so erkannte sie, war eigentlich nichts anderes als ein System, das man nur einmal durchschauen musste. Und wenn es an Textinterpretationen ging, schrieb sie einfach das, was ihr gerade zu den Texten einfiel – egal wie abstrus es ihr erschien. Anscheinend war es genau das, was die Lehrerin hören und lesen wollte. Und so steigerte sie sich in dem Fach von einer schwachen Fünf zu einer klaren Zwei.

»Ich weiß nicht, was Sie mit Ihrer Tochter gemacht haben«, sagte die Lehrerin beim nächsten Elternsprechtag zu den Eltern von Meta Adamir. »Aber bei den aktuellen Leistungen frage ich mich, wieso Ihre Tochter überhaupt einmal sitzengeblieben ist.«

Die große Liebe von Meta Adamir blieb die Mathematik. Sie stach immer noch am deutlichsten hervor. Hier hatte sie eine Eins, ohne Wenn und Aber.

Die zehnte Klasse kam und Meta Adamir erreichte die Mittlere Reife mit Bravour. Ihre Eltern erwarteten, dass sie nun eine Lehre beginnen wollte, aber Meta entschied sich dazu, an der Schule zu bleiben und das Abitur zu machen.

Ihre Mutter hatte nach der Entscheidung Tränen in den Augen. »Die Erste in unserer Familie, die Abitur macht«, sagte sie stolz.

Für Meta Adamir war es eine genauso pragmatische Entscheidung wie die, sich mit dem Fach Deutsch anzufreunden. Denn sie hatte erkannt: Wenn sie ihr Talent für Handel und Zahlen irgendwann einmal gewinnbringend einsetzen wollte, dann musste sie studieren. Und die Voraussetzung für ein Studium war nun einmal das Abitur.

In der Oberstufe hatte sie das Fach Sozialwissenschaften anstelle von Politik. Politik an sich war nicht uninteressant gewesen, aber das Fach Sozialwissenschaften traf Meta Adamirs Interesse in besonderem Maße. Es lag weniger an dem Fach als vielmehr an dem Lehrer, der es unterrichtete. Er interessierte sich für Geldanlagen in Aktien. Und wie auch immer die Unterrichtsstunde thematisch begann, kam er immer wieder auf genau dieses Thema zu sprechen.

Metas Mitschüler fanden das lustig, weil sich der Lehrer dann immer geradezu in einen Rausch redete und alles Weitere vergaß.

Für Meta Adamir war es geradezu eine Erfüllung.

Sie steigerte in dieser Zeit extrem ihre Beliebtheit in der Klasse, weil sie interessierte Nachfragen stellte und so den Lehrer am Reden hielt. So manche Stunde verging somit in einem Dialog zwischen Meta und dem Lehrer, der dann beim Schellen ganz erschrocken auf die Uhr guckte und ankündigte, in der nächsten Stunde nicht abschweifen zu wollen.

Meta Adamir hatte am Ende dieser Stunden allerdings immer das Gefühl, richtig etwas gelernt zu haben. Für sie war alles logisch, was der Lehrer erzählte. Was eine Aktie war, wie sich ein Kurs ergab und was Vorzugsaktien und Termingeschäfte waren.

Nach ihrer ersten Million würde sie diesem Lehrer besonders danken, entschied sie.

Die drei Jahre der Oberstufe vergingen wie im Flug und die Abiturprüfungen nahten heran. Meta Adamir hatte sich inzwischen den Ruf einer erstklassigen Schülerin erarbeitet und Kunst und Musik so schnell wie möglich abgewählt. Ihr mündliches Abiturfach waren die Sozialwissenschaften. Es ging um die Gründung der Bundesrepublik und ihr politisches System. Meta Adamir gelang es, das Gespräch auf die soziale Marktwirtschaft zu lenken, und weckte damit das Interesse des Lehrers. Wie im Unterricht schweiften sie ab und kamen auf das Thema des Aktienmarktes. Sie verstiegen sich gerade in einer Diskussion, ob der Aktienhandel nun mit der sozialen Marktwirtschaft vereinbar sei oder nicht, als die Prüfungszeit plötzlich zu Ende war.

Es war ein voller Erfolg. Meta Adamir hatte bewiesen, welch tiefen Einblick in die Materie sie hatte und bekam die volle Punktzahl dafür. Denn ein derart tiefes Grundverständnis für wirtschaftliche Zusammenhänge konnte sonst keiner ihrer Mitschüler aufweisen.

Das Abitur insgesamt schloss Meta Adamir mit einer Eins vor dem Komma ab. Ihre Eltern freuten sich, konnten es aber kaum glauben.

Lehre im Bankwesen

Fast schon hätten ihre Eltern gedacht, ihre Tochter würde nun direkt auch ein Studium angehen, doch Meta Adamir hatte andere Pläne. Sie wollte erst einmal eine Lehre machen. Und zwar in einer Bank. Sie hatte erkannt, dass es sinnvoll sein konnte, ihre Zeit in ein Projekt zu investieren, das einen nach vorne brachte. Und als ein solches Projekt sah sie auch die Ausbildung an.

»Gebt mir diese drei Jahre. Danach werde ich dann Wirtschaft studieren.«

Ihre Eltern waren hellauf begeistert.

Meta hatte ohnehin schon viel mehr erreicht, als sie je erwartet hätten. Und dass sie so einen genauen Plan für ihre Zukunft hatte, das hätten sie nie zu träumen gewagt.

Sie bewarb sich bei allen großen Bankhäusern. Und sie wurde auch von allen eingeladen. Als die ersten Zusagen kamen, ging der Traum weiter. Meta Adamir konnte sich ihren Ausbildungsbetrieb aussuchen.

Die Ausbildung verlief gut, engte sie aber auch ein. Die grundlegenden Prinzipien von Kontoeröffnung und Buchungen brachten ihr zwar ein tieferes Verständnis für das Geschäft an sich, richtig blühte sie allerdings erst in der Berufsschule auf, wenn sie sich mit Dingen wie BWL und VWL beschäftigen konnte. Sie sehnte das Ende der Ausbildung so sehr herbei, um endlich noch mehr von all diesen spannenden Dingen zu erfahren. Deshalb nutzte sie die Chance, ihre Ausbildung zu verkürzen. Der Tag ihres Abschlusses kam und auch diesmal konnte Meta Adamir mit Bestnoten glänzen.

Studium und erste Geschäfte

Ihr Chef hätte sie gerne behalten, doch Meta zog es an die Universität. Hier versprach sie sich, tieferes Wissen über die wirtschaftlichen Zusammenhänge zu erlangen, die sie dann schließlich nutzen konnte. Sie musste feststellen, dass die Vorlesungen sehr theoretisch waren. Ihr fehlte die Praxis und so begann sie, in Aktien zu investieren. Erst nur mit ihrem eigenen Geld, dann auch mit geliehenem Geld. Sie überzog ihren Dispositionskredit, den sie mit ihrem Bankberater ausgehandelt hatte. Sie kannte ja das System und wusste, welche Knöpfe sie im Gespräch bei ihm drücken musste, um zum Erfolg zu kommen.

Mit dem geliehenen Geld tätigte sie weitere Aktienkäufe. Sie wusste natürlich, dass das aufgrund der hohen Zinsen teuer war. Aber welche vernünftige Bank hätte ihr als Studentin einen richtigen Kredit gegeben. Noch dazu für hoch spekulative Aktienkäufe?

Ihr System funktionierte: Während andere Studenten sich mit Nebenjobs herumquälten, konnte Meta Adamir ihr Studentenleben bald schon durch die Renditen finanzieren, die sie in ihren Aktiengeschäften erwirtschaftete.

Nach all den Jahren, in denen sie sich akribisch an alle Regeln gehalten und Abschlüsse gemacht hatte, begann sie nun, ihr Studium zu vernachlässigen. Zu spannend waren die Geschäfte, die sie nebenher machte. Und auch zu lukrativ. Die Summen, mit denen sie jonglierte, wurden immer größer. Sie konnte sich immer größere Summen leihen und besicherte diese mit ihrem Aktienbestand.

Ihre Aktivitäten blieben nicht unbemerkt. Nach dem nächsten profitablen Geschäft wurde sie von ihrem ehemaligen Bankhaus angesprochen, bei dem sie auch das Depot für ihre Aktien hatte. Das Unternehmen bot ihr eine Stellung als Investmentberaterin an.

»Könnten Sie sich vorstellen, wieder für uns zu arbeiten?«, fragte sie ihr ehemaliger Chef eines Tages, als sie der Einladung zu einem Gesprächstermin gefolgt war.

»Ich habe aber kein abgeschlossenes Studium«, konterte Adamir.

Ihr Chef winkte ab. »Sie haben etwas viel Wichtigeres. Sie haben den notwendigen Instinkt, der Sie bei Ihren Geschäften lenkt.«

Von der Investmentberaterin zum Börsen-Guru

Sie hatte zunächst ein komisches Gefühl. Sollte sie wirklich einfach so ihr Studium abbrechen? Sie ließ sich ein paar Wochen Zeit mit der Entscheidung und schnupperte die Luft des Investment-Bankings. Kurz darauf war es für sie klar, dass das weitere Studium nur Zeitverschwendung wäre. Daher ließ sie sich exmatrikulieren und kehrte der Universität den Rücken. Meta Adamir war nun Investmentberaterin ihrer ehemaligen und nun aktuellen Bank – mit Dienstwagen, einem stattlichen Grundeinkommen und der Aussicht auf satte Boni. Sie war an einem Ziel angekommen, ohne dass ihr so wirklich bewusst war, bei einem Rennen an den Start gegangen zu sein.

Ihre neue Aufgabe erfüllte sie voll und ganz. Sie traf sich mit den Kunden, die ihr Geld anlegen wollten, und gab ihnen Tipps, wie sie es machen würde. Ihr Instinkt trog sie nie. Die Kunden freuten sich über die Renditen und die Bank freute sich, sie – Meta Adamir – an Bord zu haben.

Bald schon stieg sie auf. Sie durfte sich um immer wichtigere Kunden kümmern. Die Anlagesummen wurden immer größer.

Inzwischen war Meta Adamir im Finanzwesen trotz ihrer jungen Jahre bereits ein »alter Hase«, der mit allen Wassern gewaschen war.

Ihr Tag begann mit den aktuellen Börsenkursen und endete mit Exposees über diverse Unternehmen. In den Stunden dazwischen hatte sie Termine und Geschäftsessen, Meetings und Telefonkonferenzen.

Ihre Arbeit zahlte sich nicht nur für ihre Kunden aus, sondern auch für sie. Ihre Boni investierte sie selbst in lukrative Geldanlagen und bald schon stellte sie mit Zufriedenheit fest, dass sie reicher war als die Kunden, die sie zu Beginn ihrer Karriere als Anlageberaterin betreut hatte.

Doch es waren die Großkunden, die ihr nach wie vor das meiste Geld einbrachten. Ihr Grundgehalt war im Vergleich zu den Bonuszahlungen, die sie für die Betreuung dieser Großkunden erhielt, kaum noch der Rede wert.

Zweimal lehnte sie es ab, als sie ein solcher Kunde fragte, ob sie sich nicht von der Bank trennen und sich fortan freiberuflich um ihn kümmern wolle. Der Bonus sollte für sie dabei noch einmal steigen, wobei der Kunde aufgrund der vermiedenen Gebühren, die die Bank ihm in Rechnung stellte, dennoch günstiger fahren würde.

Beim dritten Mal wurde sie dann schließlich schwach. Sie wusste, dass sie dieses Geschäft zunächst unter der Hand abwickeln musste. Sie kündigte ihre Stellung bei der Bank. Ihr Chef verstand die Welt nicht mehr.

»Aber wieso wollen Sie uns verlassen?«, fragte er während des Kündigungsgesprächs immer wieder.

»Ich möchte mich einfach noch mal verändern. Ich bin noch jung und habe in diesem Geschäft bei Weitem noch nicht alles gesehen«, druckste sie um den heißen Brei herum.

»Aber Sie können sich auch bei uns verändern«, sagte ihr Chef. »Wir geben Ihnen alle Möglichkeiten!«

Doch Meta Adamir blieb hart.

»Dann kann ich nur hoffen, dass Sie uns in Zukunft nicht zu viele Kunden abjagen«, sagte der Chef.

Er meinte es versöhnlich, traf aber eine unbequeme Wahrheit und hinterließ bei Meta Adamir ein fades Gefühl. Doch letztlich erlaubte das Geschäft nicht allzu viele moralische Bedenken.

Erfolg als freie Beraterin

In der Freiberuflichkeit lief es noch besser als zu ihrer Zeit als festangestellte Beraterin. Die Kunden vertrauten ihr und sie enttäuschte dieses Vertrauen nicht. Immer wieder kam ein weiterer solventer Kunde auf Empfehlung hinzu. Und immer mehr investierte sie ihr eigenes Geld.

In dieser Phase entwickelte sie eine Vorliebe für hoch riskante Anlagen. So manches Mal hatte sie Glück, dass sie die Erträge erwirtschaften konnte, die sie versprochen hatte. Ihre freiberufliche Sturm- und Drangphase dauerte einige Jahre an, bis zum ersten Mal die Angst aufkam – die Angst, dass etwas schiefgehen könnte und sie alles verlieren würde.

Die Fallhöhe war in der Vergangenheit immens gestiegen. So entschloss sie sich, ihre Investmentstrategie radikal zu ändern. Weg von den hoch spekulativen Anlagen, hin zu mehr Sicherheit. Ihre Kunden begannen zu murren. Zwar verdienten sie durch Meta Adamir immer noch Geld, allerdings bei weitem nicht mehr so viel, wie es einmal gewesen war.

Meta Adamir bewies in dieser Phase Konsequenz. Sie vermittelte ihre Kunden an andere Anlageberater, auch wenn sie wusste, dass diese sich mit an Sicherheit grenzender Wahrscheinlichkeit auf mittlere Frist verspekulieren würden. Sie selbst brauchte die Kunden nicht mehr. Sie hatte ein Vermögen angehäuft, das sie ihre eigenen Geschäfte tätigen ließ und von dem sie gut leben konnte.

Es war ein wunderbares Gefühl der Freiheit, nur noch für sich selbst zu arbeiten und eigene Entscheidungen zu treffen. Ihren größten Sieg feierte sie Anfang der 2000er Jahre, als plötzlich jeder in Aktien investierte und sich die Internetblase immer weiter aufblähte. Sie erkannte aufgrund ihrer Erfahrungen, dass es immer dann Zeit wird auszusteigen, wenn alle Zeitungen zum Kaufen raten. Es kam zum Crash. Wenige Monate zuvor hatte sie umgeschichtet oder verkauft und war dafür verspottet worden. Jetzt spottete niemand mehr. Im Gegenteil.

Sie geriet ins Rampenlicht.

Das Fernsehen interessierte sich plötzlich für sie. Sie wurde eingeladen, TV-Interviews zu geben und zu erklären, was da gerade am Markt passiert sei. Wie man sich verhalten solle, wenn die eigenen Aktien plötzlich wertlos geworden seien.

»Erst einmal sollte man abwarten und Ruhe bewahren«, sagte sie damals. »Aktien fallen und steigen. Solange die dahinter stehenden Unternehmen noch existieren, ist das Geld nicht ganz verloren. Wenn sich der Kurs allerdings auf längere Sicht nicht mehr erholt, muss man gegebenenfalls auch einmal eine unrentable Anlage abstoßen und auf ein sichereres Pferd setzen.«

Meta Adamir wusste: Das funktionierte nur, wenn man genug Kapital in der Hinterhand hatte. Viele hatten natürlich ihre Ersparnisse eingesetzt, die sie eigentlich noch brauchten und die sie nie hätten ins Feuer stellen sollen. Aber wie sollte man das vermitteln?

»Wie hast du das gemacht?«, wurde sie damals häufig gefragt. Von Bekannten, von Kollegen, von ehemaligen Kunden, die allesamt eine große Menge Geld verloren hatten.

»Ihr müsst den Markt beobachten«, hatte sie damals gesagt. »Wenn selbst die letzte Hausfrau anfängt, Aktien zu kaufen, weil der überhitzte Markt das schnelle Geld verspricht, spätestens dann ist die Zeit gekommen auszusteigen.«

Meta Adamir konnte mit sich zufrieden sein. Sie war jetzt Mitte 30, hatte mehr Geld, als sie ausgeben konnte, und war auf niemanden mehr angewiesen.

Für wen das Ganze?

Es war zu etwa dieser Zeit, dass Meta Adamir begann, alles zu hinterfragen. Denn privat lief es bei ihr alles andere als gut. Sie hatte zwar ein paar Freunde um sich scharen können, sie hatte allerdings nie ganz verstanden, wie man einen oder vielmehr einen passenden Mann kennenlernt, wie man eine Familie gründet, wie man sich privates Glück verschafft.

Sie versuchte es einige Male, aber immer ging es schief.

Die Männer, die sie jetzt kennenlernte, hatten es entweder auf ihr Geld abgesehen oder kamen nicht damit klar, dass sie als Frau erfolgreicher und vermögender war. Ihr Selbstbewusstsein schüchterte viele von ihnen ein, sodass diese schneller wieder verschwunden waren, als Meta Adamir verstehen konnte, was da eigentlich gerade passiert war.

So traf sie die Entscheidung, allein zu bleiben und sich diesem zwanghaften Stress, unbedingt eine Partnerschaft eingehen zu müssen, nicht mehr auszusetzen. Diese Entscheidung, die auch eine Entscheidung gegen eigene Kinder war, stimmte vor allem Metas Mutter traurig, die sich so sehr Enkelkinder von Meta gewünscht hatte. Aber es war Metas Entscheidung. Nach einem liebevollen, aber auch sehr klaren Gespräch mit ihrer Mutter hatte Meta das Gefühl, dass ihre Entscheidung zwar nicht gutgeheißen, zumindest aber akzeptiert und respektiert wurde. Das reichte Meta. Es war ihr Leben, über das nur sie entschied.

Stattdessen genoss sie die häufigen Einladungen zu Banketten, fuhr mit Freunden in den Urlaub und führte ein angenehmes Leben. Ihr Geld war sicher angelegt und brachte regelmäßige Renditen. Es waren immer noch die »Blue Chips«, in die sie größtenteils investiert hatte. Unternehmen, die zu groß zum Fallen waren und die im Zweifel von den Staaten, in denen sie ansässig waren, gerettet werden würden. Durch die zunehmende Digitalisierung und deren Veränderungen, mit der die großen Konzerne sich schwertaten mitzuhalten, hatte sie allerdings vor Jahren schon begonnen, ihr Netzwerk dahingehend zu nutzen, Investitionsmöglichkeiten zu prüfen und auch in kleinere vielversprechende Unternehmen zu investieren.

Ihre eigenen Geburtstage verbrachte sie traditionell allein. Sie hatte schon seit vielen Jahren niemandem mehr erzählt, wann ihr Geburtstag war. Große Feiern waren ihr zuwider, weil sie dann im Mittelpunkt stand. Und so blieb ihr Geburtsdatum ihr wohlgehütetes Geheimnis.

Sie war immer froh, wenn dieser eine Tag im Jahr schnell vorbei war. Ebenso wie Weihnachten, wenn alle Leute ihre Zeit mit ihren

Familien verbrachten. An ihren Geburtstagen saß sie meist in ihrer großen Wohnung und tat nichts. Eigentlich war das genau die falsche Strategie. Denn dann holten sie die Gedanken ein und sie begann zu grübeln. So wie jetzt, an ihrem 49. Geburtstag.

»Ich würde gerne einen Teil meines Geldes an Leute geben, die ich mag und die es gut gebrauchen können«, überlegte sie. Ihr fielen gleich ein paar Namen ein. Sie wollte sie jeweils mit einem Aktienpaket beglücken, sodass sie eine gute Absicherung hätten. Da waren beispielsweise einige ehemalige Kollegen, die bei der letzten großen Finanzkrise Unsummen verloren hatten und kaum noch wussten, wie sie ihre Familien ernähren sollten. Da waren aber auch junge Bekannte, die gerade am Beginn einer vielversprechenden Zukunft standen und die lediglich etwas finanzielle Starthilfe brauchten. Und da waren ihre engen Freunde, denen sie ebenfalls etwas hinterlassen wollte – auch wenn dieser Gedanke mit knapp 50 vielleicht etwas zu früh kam.

Doch wie sollte sie das angehen?

Sicher: Sie konnte ihnen allen ein Aktienpaket oder eine bestimmte Summe Geld schenken. Doch bereits das Wort Schenken zog ein zweites Wort hinter sich her: Schenkungssteuer. Wer eine größere Summe von ihr erhielt, würde gleich einen großen Teil davon an das Finanzamt abgeben müssen.

Nein. Das war ihr zuwider.

Sie wollte die Menschen glücklich machen, die sie auswählte. Und nicht das Finanzamt.

Sie könnte natürlich auch Bargeld abheben und heimlich verteilen. Doch damit würde sie ihre Bekannten und Freunde in eine Steuerhinterziehung hineinziehen, was auf gar keinen Fall ihre Absicht war.

Nein. Es müsste doch noch eine andere Möglichkeit geben. Nur fiel ihr diese andere Möglichkeit beim besten Willen nicht ein.

Ein Gespräch mit der Steuerberaterin

Am nächsten Morgen saß Meta Adamir in ihrem Büro. Ihre Laune hatte sich deutlich gebessert, seit ihr Geburtstag um zwölf Uhr nachts zu Ende gegangen war.

Ihr Büro war in einer kleinen Bürogemeinschaft. Hier hatte sie einige Räume gemietet. Sie hatte nur wenig Personal. Eine Sekretärin und zwei studierte Wirtschaftswissenschaftler mit Erfahrung im Bankwesen, die ihr halfen, ihr Vermögen zu verwalten. Sie hätte natürlich auch eine Bank beauftragen können. Allerdings wollte sie nicht an einen Bankberater geraten, der selbst sein finanzielles Leben nicht im Griff hatte, aber das Geld von anderen Menschen ohne eigenes Risiko investierte.

In der Nacht zu diesem Tag war ihr ein Gedanke gekommen. Sie nahm den Hörer ab und drückte die Taste, um zu ihrer Sekretärin zu kommen.

»Charlotte. Bitte verbinden Sie mich mit meiner Steuerberaterin. Danke!«

Es dauerte eine Weile, dann stand die Leitung.

Dr. Andrea Greben war seit langem schon die Steuerberaterin, der Meta Adamir vertraute. Wenn jemand wusste, wie man die Schenkungssteuer umgehen konnte, dann sie. Und auch wenn sich die beiden Frauen schon seit vielen Jahren kannten, Meta war in dieser Hinsicht vom alten Schlag: Sie behielt das »Sie« in solchen Dienstleistungsbeziehungen auch nach Jahren noch bei.

»Dr. Greben? Ach, wunderbar, dass ich Sie erreiche. Ich habe da eine Sache, die ich gerne einmal mit Ihnen durchsprechen möchte. Haben Sie in den nächsten Tagen einmal Zeit für mich? Gleich morgen? Ja, das passt wunderbar.«

Meta Adamir legte auf und lächelte. Dr. Greben machte immer schnell einen Termin möglich. So wie alle anderen auch, die sie darum bat. Es zeigte ihr, wie wichtig sie als Kundin war und dass sie geschätzt wurde.

Dr. Andrea Greben war eine unauffällige Frau. Sie zog die immer gleichen eintönig grauen Hosenanzüge an, hatte streng nach hinten gebundenes Haar, das bereits zum größten Teil grau war, und ein langweiliges Brillengestell. Doch hinter dieser Fassade verbarg sich – ebenso wie bei Meta Adamir auch – ein genialer Geist. Schon oft hatte sie Adamir durch die virtuose Anwendung des deutschen Steuerrechts eine große Menge an Steuern gespart. Adamir schätzte sie. Umgekehrt war es auch so, vermutete sie.

Heute war sie im Büro der Steuerberaterin und saß auf einem sehr bequemen Bürostuhl an einem Besprechungstisch.

Dr. Greben kam herein.

»Was kann ich für Sie tun? Am Telefon haben Sie noch nicht viel erzählt«, begrüßte sie ihre Klientin.

»Ich möchte gerne einen Teil meines Vermögens verschenken«, sagte Meta Adamir.

Dr. Greben stutzte.

»Wie darf ich das verstehen?«, fragte sie.

Meta Adamir atmete einmal durch, bevor sie mit ihrer Erklärung ansetzte: »Sehen Sie, ich habe weder Kinder noch sonstige Familie. Meine Eltern sind ja gut versorgt. Dafür sehe ich in meinem Freundes- und Bekanntenkreis allerdings zahlreiche Personen, die ein wenig Geld dringend benötigen könnten. Es sind allesamt Leute, die ich schätze und die die Zuwendung wohl auch annehmen würden, ohne sie falsch zu verstehen. Ich würde das natürlich im Vorfeld auch mit ihnen besprechen.«

Dr. Greben hatte den Ellbogen auf den Tisch gesetzt und Daumen und Zeigefinger an ihre Wange gelegt. »Nun«, sagte sie. »Dann schenken Sie ihnen doch einfach eine bestimmte Summe. Wozu brauchen Sie mich dabei?«

Meta Adamir lächelte. Dr. Greben war ein pragmatischer Geist, was sie sehr an ihr schätzte. Aber sie hatte das eigentliche Problem noch nicht erkannt.

»Nun, das könnte ich natürlich tun«, sagte Adamir. »Aber bei diesem Vorgehen würde die Schenkungssteuer in hohem Maße anfallen. Und das möchte ich vermeiden. Gibt es irgendeine Möglichkeit, wie ich diese Steuer umgehen kann?«

Dr. Greben lächelte. »Jetzt verstehe ich. Und ja, es gibt eine Möglichkeit. Allerdings würde die Art der Zuwendung dann anders aussehen, als Sie es sich ursprünglich ausgedacht haben.«

»Nun sprechen Sie in Rätseln!«

»Ich spreche davon, dass Sie eine Stiftung gründen sollten«, sagte die Steuerberaterin knapp.

»Eine Stiftung?«, fragte Meta Adamir. Daran hatte sie weder bereits gedacht, noch erschloss sich ihr auf den ersten Blick der Sinn darin. »Was würde das bringen?«

»Über die Stiftung könnten Sie den Leuten Zuwendungen zukommen lassen, die diese dann lediglich wie andere Kapitalerträge auch versteuern müssten.«

»Dann muss ich aber doch Steuern zahlen – oder zumindest diejenigen, die das Geld erhalten.«

Die Steuerberaterin lachte. »Ganz ohne Steuern wird es nicht gehen. Allerdings könnten Sie die Zuwendung ja über einen längeren Zeitraum wählen, sodass die Begünstigten unter dem Freibetrag bleiben. Und Sie dürfen nicht vergessen: Wenn Sie größere Geldsummen an Personen verschenken, die nicht mit Ihnen verwandt sind, fallen Schenkungssteuern von 30 bis 50 Prozent an. Die Steuern auf Kapitalerträge sind deutlich niedriger.«

Dr. Greben erläuterte Meta das Konzept der Stiftung in den wesentlichen Punkten.

Meta Adamir rieb sich das Kinn. Die aufgezeigte Lösung hatte durchaus ihren Charme. Was ihr auch gefiel, war, dass mit der Stiftung ihr Name in der Form präsent bliebe, wie sie es sich wünschte. Mit jeder Zahlung würden die Begünstigten daran erinnert, von wem sie die Zuwendung erhielten.

»Wie lange würde die Stiftung diese Zuwendungen denn zahlen?«, fragte sie.

»Eine Stiftung ist immer so gedacht, dass sie auf ewig besteht. Das heißt, die Zahlungen würden weitergehen, selbst wenn Sie – was hoffentlich noch in sehr, sehr ferner Zukunft liegt – versterben sollten«, erklärte Dr. Greben.

»Wie soll das gehen?«, fragte Meta Adamir. »Das Geld wird doch irgendwann aufgebraucht sein.«

»Eben nicht«, sagte die Steuerberaterin. »Denn für die Zuwendung darf die Stiftung nur die Erträge aus dem Stiftungskapital verwenden. Nicht aber das Stiftungskapital selbst.«

Meta Adamir schwieg lange. Die Idee gefiel ihr. Trotzdem hatte sie es sich in der Vergangenheit zum Prinzip gemacht, nichts von Tragweite übers Knie zu brechen.

»Ich werde darüber nachdenken.«

»Tun Sie das«, sagte Dr. Greben und stand auf. »Eine solche Entscheidung will in der Tat gut überlegt sein. Ich schlage Ihnen vor, dass sich ein vertrauenswürdiger Kollege von mir bei Ihnen meldet. Er ist Stiftungsberater und hat schon viele Stiftungsgründungen begleitet. Ihm können Sie alle Fragen stellen, die Ihnen noch einfallen. So eine Stiftungsgründung ist komplex und im Detail können viele Fehler passieren, die sich zum Teil erst in ein paar Jahren sehr negativ auswirken können – auch finanziell. Daher arbeite ich mit diesem Stiftungsexperten zusammen. Darf er sich bei Ihnen melden?« Sie reichte Meta Adamir die Hand zum Abschied.

»Ja, sehr gerne. Geben Sie ihm bitte meine Kontaktdaten. Er soll einen Telefontermin mit Charlotte vereinbaren«, sagte Adamir und ergriff die ausgestreckte Hand ihrer Steuerberaterin.

Ein exklusiver Kreis wird gebildet

In den folgenden Tagen legte Meta Adamir eine Liste an. Sie ging ihre Freunde und Bekannten durch und überlegte, wem sie Geld vermachen wollte. Einige waren dabei, die es als Beleidigung empfunden hätten. Das wusste sie. Es gab aber auch eine große Anzahl, für die ein solches Geschenk durchaus willkommen sein würde. Am Ende hatte sie etwas mehr als zehn Namen auf ihrer Liste stehen, die aus ihrer Sicht mehr oder weniger Geld benötigen könnten.

Meta Adamir stellte fest, dass sie überhaupt nicht mehr lange überlegen musste. Sie hatte sich bereits entschieden. Sie würde die Stiftung ins Leben rufen.

Im Telefonat mit Herrn Weber, dem Stiftungsberater, hatten beide vereinbart, ein gemeinsames Gespräch in der Kanzlei von Dr. Greben zu führen, da alle drei in der gleichen Stadt wohnten. In diesem Gespräch wollten sie dann alle Details besprechen.

»Sie haben sich also entschieden«, begrüßte Dr. Greben sie, als sie erneut in deren Büro kam.

»Ja«, stellte Meta Adamir sachlich fest. »Die Idee mit der Stiftung ist in der Tat die beste Lösung.« Sie setzte sich an den Besprechungstisch, an dem auch schon Herr Weber Platz genommen hatte, nachdem sie sich begrüßt hatten. Sie fuhr fort: »Doch bitte erklären Sie mir ein bisschen genauer, wie die weiteren Schritte jetzt aussehen.«

»Nun, zunächst müssen wir uns über die Form der Stiftung klar werden«, begann der Stiftungsberater. »Es gibt selbstständige Stiftungen, die als eigenständige Rechtsperson handeln, und es gibt nichtselbstständige Stiftungen, bei denen ein Treuhänder die Vermögensverwaltung übernimmt.«

Für Meta Adamir stellte sich diese Frage nicht. »Ich will natürlich die Zügel selbst in der Hand behalten«, sagte sie. »Und mit Verlaub …« Sie schaute einen kurzen Moment auf ihre Hände. »… ich glaube nicht, dass jemand das Kapital besser anlegen könnte als ich.«

Dr. Greben lächelte und blickte erst Herrn Weber, dann Meta an: »Das habe ich schon vermutet, dass Sie das so sehen.«

Herr Weber ging den Prozess der Klärung vor der Gründung weiter Punkt für Punkt durch: »Dann müssen wir uns über die Stiftungssatzung und den Stiftungszweck unterhalten. Dies sind beide sehr wichtige Bestandteile der Stiftung, die eine enorme Tragweite haben. Denn wie ich Ihnen ja bereits erklärt hatte, ist eine Stiftung darauf angelegt, ewig zu bestehen.«

»Eine Satzung werde ich ja wohl im Nachhinein noch ändern können«, meinte Meta Adamir.

»Nur, wenn es so in der Satzung vorgesehen ist«, sagte Dr. Greben. Herr Weber ergänzte: »Fehlt ein entsprechender Passus, ist die Satzung in Stein gemeißelt, wie sie von der Stiftungsaufsicht genehmigt wurde.«

Meta Adamir blickte einen kurzen Augenblick erschreckt.

»Keine Sorge«, beruhigte sie die Steuerberaterin. »Damit da nichts

Entscheidendes vergessen wird, haben Sie ja mich und Herrn Weber. Herr Weber befasst sich den ganzen Tag nur mit dem Thema ›Stiftung‹ und weiß, wo die potentiellen Fallstricke liegen. Das wäre für mich als Steuerberaterin, die sich in allen Bereichen auskennen muss, zu viel. Denn hier geht es wirklich ums Detail. Da hole ich mir gerne Unterstützung, damit meine Mandanten bestmöglich beraten sind.«

Das beruhigte Meta Adamir in der Tat.

Der Stiftungsberater sprach weiter. »Reden wir über das Stiftungskapital und wie wir es in die Stiftung einbringen.«

»Was soll es da groß zu besprechen geben? Ich werde es einfach der Stiftung überschreiben.«

»Sie vergessen dabei eine Kleinigkeit«, mahnte Dr. Greben.

»Was denn?«

»Wenn Sie das Geld der Stiftung einfach überschreiben, handelt es sich dabei auch um eine Schenkung und Sie müssten die Schenkungssteuer bezahlen. Dann könnten Sie es besser direkt an die Leute verschenken, die Sie als Begünstigte vorgesehen haben.«

Meta Adamir war überrascht. »Und wie wollen wir dieses Problem lösen?«, fragte sie.

»Die Stiftung wird sich verschulden«, meinte Dr. Greben. »Sie nimmt das Geld bei einer Bank auf, womit die Stiftung Ihnen dann beispielsweise verschiedene Aktienpakete abkaufen kann. Mithilfe der Erträge werden dann zunächst die Schulden getilgt. Danach werden die Erträge dann für den Stiftungszweck eingesetzt. Vor ein paar Monaten haben wir diese Idee von Herrn Weber genau so bei einem meiner Mandanten umgesetzt.«

»Das wird einige Zeit dauern«, sagte Adamir.

»Sie sind noch jung«, meinte Dr. Greben. »Die Zeit, die Sie sich für diesen Kapitalaufbau in der Stiftung nehmen könnten, würde sich aber in jedem Fall auszahlen.«

»Ich vertraue Ihnen da voll und ganz.«

»Das können Sie auch. Dafür haben Sie uns ja.«

Die Stiftung entsteht

Es brauchte noch einige Zeit, bis die Gründung der Stiftung abschließend vorbereitet war. Meta Adamir telefonierte einige Male direkt mit dem Stiftungsberater. Ab und zu rauchte ihr nach dem Telefonat der Kopf, doch hatte sie verstanden, dass die Satzung der zentrale Dreh- und Angelpunkt der Stiftung war. Hier musste alles passen.

Sie wurde alleiniger Vorstand und bestimmte alles, was in der Stiftung geschehen sollte. Sie hatte auch die alleinige Befugnis, die Zuwendungen zu bestimmen. Die Zahl der Begünstigten war nicht konkret festgelegt. Sie konnte flexibel wachsen, wenn Meta Adamir noch jemanden in den Kreis aufnehmen wollte. Aus diesem Kreis wollte sie nach und nach einen Stiftungsbeirat aufbauen, aus dessen Mitte irgendwann der passende Nachfolger für sie selbst als Stiftungsvorstand hervorgehen sollte. Für das Einbringen des Geldes hatte sie mit ihrer Steuerberaterin ein detailliertes Modell ausgetüftelt, das die größten steuerlichen Vorteile bot. Die Prüfung der Stiftung durch die Stiftungsaufsicht begleitete Herr Weber persönlich. Sie war daher nur eine reine Formsache, da alles bestens vorbereitet worden war. Nach kurzer Zeit kam die Bestätigung, dass die »Meta Adamir Stiftung« anerkannt worden ist.

Die ersten Jahre wurden benötigt, um das Kapital in die Stiftung einzubringen. Einen Grundstock brachte Meta Adamir direkt ein. Weitere Beträge folgten. Das Gros des Stiftungskapitals entstand allerdings in der besprochenen Weise, dass die Stiftung sich Geld bei einer Bank lieh und damit größere Aktienbestände bei Meta Adamir erwarb. Die Stiftung war damit auf Spur gebracht und konnte ihre eigentliche Arbeit beginnen.

Die zweite Phase beginnt

Nach den notwendigen Vorbereitungen begann eine Phase, in der Meta Adamir zahlreiche Termine zum Mittagessen vereinbarte. Sie traf sich mit jedem Einzelnen, den sie als Begünstigten für ihre Stiftung vorgesehen hatte. Die Reaktionen waren meist überrascht, aber freudig. Es gab niemanden, der die Zuwendung ablehnen wollte. Vielmehr sahen es die Begünstigten so, wie es Meta Adamir auch wollte: als Zeichen der Wertschätzung, die sie der jeweiligen Person entgegenbrachte.

Nach einigen Monaten war auch diese Phase abgeschlossen. Als Adamir an ihrem folgenden Geburtstag in dem bequemen Lesesessel in ihrem Penthouse hoch über den Dächern Frankfurts saß, blieb der Trübsinn aus. Denn sie hatte etwas geschaffen, auf das sie sehr stolz war.

Vorteile einer Familienstiftung aus diesem Fallbeispiel:

- In diesem Falle sind die Begünstigten keine Familienmitglieder, sondern Menschen, die vom Stifter oder Stiftungsvorstand bedacht werden.
- Der Stiftungsvorstand entscheidet aufgrund einer flexiblen Stiftungssatzung immer wieder neu, wer begünstigt wird oder bleibt.
- Privatvermögen wird nach und nach steueroptimiert in die Stiftung übertragen, ohne dass Schenkungssteuer in hohem Maße anfällt.
- Je nach Gestaltung der Stiftungssatzung kann auch der Stifter begünstigt werden und profitiert hier von einem dienenden Vermögen, das unabhängig von seiner Person und seiner privaten wirtschaftlichen Situation existiert.
- Die Vermögensverwaltung und der weitere Vermögensaufbau kann somit selbst gesteuert werden.
- Der Name des Stifters wird verewigt durch den Stiftungsnamen (wenn gewünscht).

Etwas Gutes tun

Eine Stiftung als gemeinnützige Einrichtung

Ein philanthropischer Gedanke bildet häufig den Ausgangspunkt für die Gründung einer Stiftung. In der Tat ist der Großteil der deutschen Stiftungen derzeit gemeinnützig aufgestellt. Das Verfolgen eines guten und übergeordneten Zweckes ist wunderbar. Das Fallbeispiel zeigt, wie die Stiftung dafür genutzt wird und wie der Stifter gleichzeitig in seinem Sinne alle Fäden in der Hand behält.

Das Jugendzentrum »Arche Noah« war eine echte Institution. Als Teil der örtlichen katholischen Kirchengemeinde vor Jahrzehnten gegründet, trug es zwar einen tradierten – »uncoolen« – Namen. Bei den Jugendlichen erfreute es sich allerdings größter Beliebtheit. Für die unterschiedlichsten Altersgruppen war es eine wichtige Anlaufstelle. Viele Eltern waren selbst als Kinder dorthin gegangen und schickten nun ihre Kinder, die wahrscheinlich auch die ihren weiterhin in das Zentrum schicken würden. Die »Arche«, wie das Zentrum verkürzt genannt wurde, war ein Fels der Beständigkeit in der Brandung einer sich ändernden Welt, ebenso wie die benachbarte Kirche, die seit mehr als hundert Jahren auf ihren Fundamenten ruhte. Niemand hätte gedacht, dass sich daran jemals etwas ändern könnte.

Eine Nachricht schlägt ein

»Hast du gelesen: Die Kirche soll aufgegeben werden.«

Der Satz hatte die Sprengkraft einer Bombe. Peter Steubner verschüttete direkt einen Teil seines Kaffees, der sich als brauner Fleck auf dem weißen Tischtuch verteilte.

»Was?«, fragte er.

Seine Frau blickte von der Zeitung hoch, die sie gerade las. Sie schaute überrascht auf ihren Mann. »Die Kirche soll geschlossen werden«, wiederholte sie. »Anscheinend muss das Bistum sein Standortkonzept reformieren. Zu wenige Gläubige, leere Kassen und so weiter.« Sie zog die Augenbrauen zusammen. »Alles okay bei dir?«

Peter Steubner hatte sich in den vergangenen Jahren nicht gerade als intensiver Kirchgänger ausgezeichnet. Sicher – zu Weihnachten und zu Ostern, da war er mit seiner Frau immer in der Kirche. Und meist wunderte er sich, wen er da so alles wiedertraf. Peter Steubner war hier aufgewachsen, in dieser Gemeinde. Und wie die meisten hatte er positive Erinnerungen an seine Jugend und die Kirche. Der Grund war das Jugendzentrum, in dem er weite Teile seiner Zeit verbracht hatte. Er erinnerte sich an Spielenachmittage, an Feten und an Ferienfreizeiten, die von dem Zentrum organisiert wurden. Jetzt, wo seine Tochter in dem Alter war, mit zur Kommunion zu gehen, entdeckte Peter Steubner die Kirche um seine Ecke neu. Und natürlich wollte er auch seine Tochter in dem Jugendzentrum untergebracht wissen.

»Was ist mit der ›Arche Noah‹?«, fragte er gepresst.

Seine Frau schmunzelte. »Dem Schiff?«

Peter Steubner verdrehte verärgert die Augen. »Nein, dem Jugendzentrum an der Kirche natürlich.«

»Keine Ahnung. Davon steht hier nichts. Dieser Reformprozess hat wohl gerade erst begonnen und zieht sich noch über zwei Jahre. Aber der Kirche werden wohl keine großen Chancen mehr gegeben. Zu baufällig, steht hier.«

Peter Steubner lehnte sich zurück. »Na dann«, murmelte er vor sich hin.

Eine fixe Idee wird zum ernsthaften Plan

An diesem Tag konnte sich Peter Steubner nicht sonderlich gut konzentrieren. Seine Gedanken drehten sich immer wieder um das Jugendzentrum, das wahrscheinlich in zwei Jahren der Vergangenheit angehören würde. Lustlos drehte er sich auf seinem Stuhl hin und her. Seinen ersten Mandanten hatte er erst in einer halben Stunde. Natürlich: Eigentlich gäbe es immer genug zu tun, aber er hatte keine Lust.

Peter Steubner war Anwalt – und ein sehr erfolgreicher noch dazu. Er hatte den Beruf zunächst gewählt, weil er Menschen helfen wollte, hatte sich dann aber auf Wirtschaftsrecht spezialisiert. Kleine Leute brachten einfach nicht genug ein. So waren es heute große Firmen, die ihn beauftragten. Oder mittelständische Unternehmen, die seine Hilfe bei der Ausarbeitung komplexer Vertragswerke benötigten. Die Arbeit machte ihm Spaß, auch wenn er damit von seinem Ideal vielleicht abgewichen sein mochte. Seine Kanzlei florierte und brachte Geld ein. Viel Geld.

Das Haus in dem er lebte? Bereits abbezahlt.

Das Auto das er fuhr? Geleast, aus steuerlichen Gründen. Oberklasse.

Die Schule für seine Kinder? Privat und nur vom Feinsten.

Auch für das Alter hatte er bereits vorgesorgt. Er hielt nicht wirklich viel von Lebensversicherungen, bei denen die dahinterstehenden Gesellschaften versuchten, so viel Gewinn wie möglich vor allem für sich selbst zu machen. Er hatte sein Schicksal selbst in die Hand genommen und ein umfassendes Portfolio an festverzinslichen Anlagen und spekulativen Wertpapieren aufgebaut. Gemeinsam mit seinem Finanzberater, den er während des Studiums kennengelernt hatte und einen guten Freund nannte, war es ihm in den vergangenen Jahren gelungen, beachtliche Renditen aufzubauen. Sein Vermögen lag bereits im siebenstelligen Bereich und wuchs beständig. Er musste sich keine Sorgen machen.

Peter Steubner rückte zu seinem Computer rüber. Er klickte sein Mail-Programm weg und öffnete den Internetbrowser. Das Thema ließ ihn nicht los. Irgendetwas würde doch im Internet dazu zu finden sein. Seine Suche brachte ihn auf die Seite des Bistums. »Pfarreientwicklungsprozess« stand da.

Was für ein netter Name, ging es Peter Steubner durch den Kopf.

Doch was er dann las, war alles andere als schön. Das Bistum habe kein Geld. Bei garantierten Steuereinnahmen eigentlich kaum zu glauben. Doch es gab keine Möglichkeit, die Aussage so wirklich anzuzweifeln. Die Hälfte aller Kirchen stand auf der Kippe, sogar noch etwas mehr. Es war auch schon aufgeführt, dass die besonders baufälligen Kirchen wie die Kirche St. Anna, die direkt neben dem Jugendzentrum »Arche Noah« lag, mit Sicherheit aufgegeben würden. Peter Steubners Hoffnung schwand. Das Schicksal schien bereits besiegelt zu sein. Weiter unten las er dann einen Hinweis auf eine Pfarreiversammlung, die am nächsten Abend – ausgerechnet in St. Anna – stattfinden sollte.

Peter Steubner lehnte sich zurück. Er seufzte. Dann würde er am nächsten Abend also zu dieser Versammlung gehen. Vielleicht würde es da ja konkretere Informationen geben.

Schließung binnen fünf Jahren

Die Pfarrversammlung war voll. Die Kirche war so voll, wie es Peter Steubner lange nicht mehr erlebt hatte. Er musste sich eingestehen, dass auch er in der Vergangenheit mit Abwesenheit geglänzt hatte. Doch nie im Leben hätte er erwartet, dass diese Kirche, die er von klein auf bereits kannte, irgendwann einmal geschlossen werden könnte.

»Ich freue mich, dass so viele unserer Gemeindemitglieder ein Interesse an dem Pfarreientwicklungsprozess zeigen«, begrüßte der Pfarrer die Anwesenden. Es sei, wie es sei, erklärte er in seinem nachfolgenden Vortrag. Die Zahl der Kirchgänger sinke stetig. Die Kirchengebäude und die angeschlossenen Gemeindezentren seien in die Jahre gekommen. Die Kirche müsse sich verkleinern, um sich an die neue Situation anzupassen, auch wenn dieser Schritt niemandem leichtfalle. Viel wichtiger als die Häuser sei allerdings die Frage, was nötig sei, um weiter das Christsein aktiv in der Region leben zu können.

Ein Raunen ging durch das Publikum. Ganz klar: Den Besuchern ging es auch um die Gebäude. Erste Zwischenrufe erschollen und machten es dem Pfarrer schwer, trotz Mikrofon die Oberhand zu behalten.

»Bitte«, sagte er. »Es ist ja noch nichts entschieden. Aber wir müssen dem Bischof einen Vorschlag unterbreiten, wie wir mit einem deutlich knapperen Budget auskommen wollen.«

Es klang fast schon flehend.

Keine einfache Aufgabe, die er hier hat, überlegte Peter Steubner. Er kannte den Pfarrer noch aus früheren Jahren. Er war mit Sicherheit am meisten mit diesem Gebäude verwurzelt und musste jetzt das Todesurteil verkünden.

Andere Anwesende hatten weniger Mitgefühl.

»Die Entscheidung gegen St. Anna ist doch schon längst gefallen!«, rief einer.

»Das Bistum hat doch wohl genug Geld!«, ein anderer.

»Wenn man Kirchen schließt, wird man ganz sicher keine neuen Kirchgänger gewinnen.«

Der Pfarrer wirkte blass. Er tat Peter Steubner leid. »Wir wollen alle mit in den weiteren Entscheidungsprozess einbinden«, sagte er matt. Es klang wie eine Floskel. Und es wirkte so, als ob er das selber wüsste.

Die Stimmung heizte sich zunehmend auf. Erste beleidigende Rufe kamen auf.

Der Pfarrer mahnte zu einem respektvollen Umgang und ging zum Gegenangriff über. »Heute«, so fing er an, »ist die Kirche einmal voll. Ich werde häufig angesprochen, wie schlimm es sei, dass sie geschlossen werden solle. Doch wenn ich dann zurückfrage, wann diejenigen, die es so schlimm finden, das letzte Mal hier zum Gottesdienst waren, dann wird es still.«

Den Schuh musste Peter Steubner sich auch anziehen, erkannte er.

Von diesem Abend an verfolgte Peter Steubner die Entwicklungen intensiv. Er nahm an verschiedenen öffentlichen Koordinationsveranstaltungen teil. Er sagte seine Meinung.

Das Ergebnis wurde immer verheerender. Das gesamte Gelände von St. Anna sollte innerhalb der kommenden fünf Jahre aufgegeben werden. Es solle ein Investor gesucht werden. Die Ideen reichten von dem Bau eines Altenpflegeheims bis hin zu dem Bau von Einfamilienhäusern.

Für Peter Steubner klang das fast wie Hohn. Immer sind es Altenpflegeheime oder Einfamilienhäuser, die gebaut werden sollen, überlegte er. Als ob es keine kreativeren Lösungen gäbe.

Der Pfarrer sicherte zu, dass versucht werde, das Kirchengebäude zu erhalten und umzubauen, dass in den Baukörper Zwischendecken eingezogen würden und dass die Umnutzung im Bestand geschähe.

Peter Steubner war skeptisch. Er kannte solche Fälle. Der Investor sagt zu, die Bausubstanz »so weit wie möglich« zu erhalten. Bei der genaueren Planung fällt dann aber leider, leider auf, dass die Bausubstanz zu marode und ein Abriss unabdingbar ist. Und dann waren es Leute wie er selbst – Peter Steubner –, die als Anwalt die Investoren aus den Verträgen rausboxten, sodass das Bauland freigemacht werden konnte und die Investoren schließlich machen konnten, was sie wollten.

Die Bausubstanz der Kirche St. Anna war marode. Das war ja bereits bekannt. So schien das Schicksal auch in diesem Falle absehbar. Viel schwerer wog allerdings, dass zu dem Gelände der Kirche selbstverständlich auch das Jugendzentrum »Arche Noah« gehörte, dem dasselbe Schicksal blühte. Und auch der Gemeindesaal, der vielfach genutzt wurde, würde verschwinden. An dem Pfarrhaus würde wohl niemand groß hängen.

Was für ein Trauerspiel, dachte Peter Steubner. Doch noch immer stand er ohnmächtig am Rande eines Prozesses, den er nicht beeinflussen konnte.

Nach einer der Versammlungen stand er mit einigen Gemeindemitgliedern zusammen.

»Es ist eine Unverschämtheit vom Bistum«, echauffierte sich einer. »Von denen bekommt man keinerlei klare Angaben. Die haben genug Geld!«

»St. Gregorius wollen sie sanieren, um die Kirche dann an eine griechische Kirchengemeinde zu verpachten. Die bekommen das Geld vom Bistum. Und die Instandhaltung muss ja dann trotzdem weiterhin gewährleistet werden.«

»Es ist ungerecht, einfach nur ungerecht!«

»Die werden schon sehen, was sie davon haben. Also ich ziehe auf jeden Fall nicht mit in eine andere Kirche um.«

Ein »verrückter« Gedanke

Peter Steubner wurde immer unzufriedener mit der gesamten Situation. Eigentlich waren die Kirchengemeinde St. Anna und das Jugendzentrum »Arche Noah« nur eine kleine Facette seines Privatlebens. In seinen Gedanken beschäftigte Peter Steubner das ganze Vorgehen allerdings den ganzen Tag. Seine Frau merkte das. Wieder einmal war er einsilbig an einem Abend, als er mit einem Glas Wein vor dem Kamin saß und in die Flammen schaute.

»Und wenn du das Gelände kaufst?«, fragte sie.

Peter Steubner blickte auf. »Was?«

»Naja, es wäre doch sicherlich im Rahmen unserer finanziellen Möglichkeiten.«

Er lachte auf. »Was soll ich denn mit einer maroden Kirche, einem Jugendzentrum, einem Pfarrsaal und einem Pfarrhaus anfangen?«

»Das, was du draus machst.«

Sie gab ihm einen Kuss und sagte gute Nacht. Peter Steubner aber saß noch lange an diesem Abend am Kamin. Er legte mehrfach Holzscheite nach und merkte gar nicht, wie die Stunden verrannen. »Das, was du draus machst«, murmelte er. Ein Lächeln breitete sich auf seinem Gesicht aus und er schüttelte langsam ein, zwei Mal den Kopf. Das war verrückt. Aber dass eine Idee verrückt war, bedeutete ja nicht, dass sie nicht trotzdem gut sein konnte. Peter Steubner leerte sein Weinglas und beschloss, erst einmal ins Bett zu gehen. Ob er viel schlafen würde, wusste er nicht. Denn seine Frau hatte eine Idee in seinen Kopf gepflanzt, die ihn nicht mehr so schnell losließ.

Als Peter Steubner am folgenden Tag etwas Zeit im Büro hatte, nahm er sich Papier und Stift und setzte sich an den Besprechungstisch.

»Kirche, Jugendzentrum, Pfarrsaal, Pfarrhaus« – diese vier Worte schrieb er auf den Block und schaute ihn sich an. Das Jugendzentrum war klar: Dieses sollte so erhalten bleiben, wie es heute war. Die Jugendlichen sollten eine Anlaufstelle haben, wie er sie früher gehabt hatte. Auch wenn das Ganze wahrscheinlich auf ewig ein Zuschussgeschäft bleiben würde.

Und der Rest? Der Pfarrsaal bot die nächsten einfachen Ansatzpunkte. Die Vermietung für Familienfeiern, Hochzeiten und Ähnliches würde geringe Einnahmen bedeuten. Doch ob das reichte? Die Küche war relativ modern und an professionellen Standards ausgerichtet, das wusste er. Keine Küche, wie man sie von zu Hause kannte, sondern eine dieser Restaurantküchen mit viel Edelstahl. Vielleicht wäre eine gastronomische Nutzung möglich? Das Pfarrhaus ließe sich vielleicht zu Büros umgestalten. Er selbst könnte mit seiner Kanzlei dorthin ziehen und für Mieteinnahmen sorgen. Besprechungsräume waren in dem Gebäude enthalten. Auch das wusste er.

Blieb die Kirche. Eine Kirche war ja im Grunde erst mal nichts anderes als ein großer Raum. Vielleicht könnte man dort Konzerte veranstalten. Oder Kinoabende. Oder Feten. Irgendwas halt, was ein wenig Umsatz machte.

Peter Steubner blickte auf seinen Zettel. Er zog die Augenbrauen hoch und atmete einmal tief aus. Ein Konzept war das nun nicht gerade. Wahrscheinlich konnte man dieses Projekt nicht wirklich unter wirtschaftlichen Gesichtspunkten sehen. Aber unter welchen dann?

Von der losen Idee zur konkreten Planung

Nach einigen Nächten, in denen ihn die Idee nicht mehr losgelassen hatte, ergab sich für Peter Steubner ein immer klareres Bild. Er hatte im Grunde den Entschluss gefasst, den Versuch eines Kaufs zu unternehmen. Das wäre – wie seine Frau gesagt hatte – finanziell tatsächlich kein größeres Problem. Bei der späteren Umsetzung von Ideen wollte er dann allerdings nicht auf sich allein gestellt sein. Allein wäre sein ganzes Projekt zum Scheitern verurteilt. Er brauchte Mitstreiter. Und zwar solche Mitstreiter, die sich für die Aufgabe verpflichteten. Für Peter Steubner war klar, dass er – sofern der Kauf erfolgreich wäre –

irgendeine Art von Gesellschaft gründen müsste, an der sich andere Personen beteiligen konnten. Doch welche könnte das sein?

Eine GmbH? Nein. Diese Lösung fiel mit Sicherheit raus. Dann müssten die anderen Personen ja Angestellte sein. Und dass nicht der wirtschaftliche, sondern eher der philanthropische Gedanke bei dieser ganzen Sache im Vordergrund stehen würde, hatte Peter Steubner schließlich bereits erkannt.

Ein Verein? Auch dieser Gedanke gefiel ihm nicht. Es würden sicherlich einige Gemeindemitglieder auch Vereinsmitglieder werden. Und sicherlich würden sich für verschiedene Aktionen auch relativ leicht ehrenamtliche Helfer finden lassen. Ein Verein barg aber immer auch die Gefahr der Mitbestimmung. Die Mitglieder wählten einen Vorstand. Und wenn sich unterschiedliche Strömungen bildeten, konnte es zu verschiedenen Lagern kommen, die dann ihre Kandidaten durchsetzen. Das wollte Peter Steubner nicht. Wenn er sich in einem größeren Maßstab finanziell engagierte, dann wollte er auch das Sagen haben.

So kam er auf eine weitere Möglichkeit, die ihm als Anwalt für Wirtschaftsrecht bestens bekannt war: eine Stiftung. Peter Steubner lächelte. In einer Stiftung könnte er sich seine Vorrechte über die Stiftungssatzung sichern. Eine Stiftung war die beste Lösung. Doch auch wenn er die Möglichkeit kannte, wusste er, dass es bei einer Stiftungsgründung viele Feinheiten zu beachten gab. Er griff zum Telefon. Es klingelte nur kurz.

»Katharina? Ja, Peter hier. Hättest du in den kommenden Tagen mal ein wenig Zeit für mich? Ich müsste etwas mit dir besprechen.«

Katharina Hoffmann war ebenfalls Rechtsanwältin, allerdings nicht mehr in diesem Metier tätig. Sie hatte sich vielmehr als Stiftungsberaterin aufgestellt und beriet Privatpersonen und Unternehmen gleichermaßen in allen Fragen der Stiftungsgründung und -verwaltung. Dabei legte sie den Schwerpunkt auf private Stiftungen, die dabei helfen sollten, Vermögen und Unternehmen zu schützen oder Kapital für den Stifter aufzubauen. Nun saß sie im Büro von Peter Steubner, überlegte, welches der hervorragend aussehenden belegten Brötchen sie wählen sollte, die Steubner zum Auftaktmeeting vom Caterer hatte liefern lassen. Sie entschied sich, die Sache mit dem Brötchen zu verschieben.

»Du möchtest also eine gemeinnützige Stiftung gründen«, stellte sie sachlich fest.

»Genau«, sagte Peter Steubner. »Aber ich möchte sie so gründen, dass ich in jedem Fall die Oberhand behalte, wenn es um die wichtigen Entscheidungen geht.«

»Das ist über die Stiftungssatzung überhaupt kein Problem«, sagte Hoffmann und entschied sich dann doch für das Brötchen mit dem Lachsschinken. »Erzähl mir doch ein paar Details, wie du jetzt darauf kommst. Dann kann ich mir ein besseres Bild machen.«

Peter Steubner erzählte ihr die Geschichte mit der »Arche« und versuchte sich dabei auf die wesentlichen Details zu konzentrieren, um sie nicht zu langweilen und um nicht einen langen Monolog vom Stapel zu lassen. Katharina Hoffmann fragte an einigen Stellen nach und irgendwann kamen sie dabei auch auf das Thema des Stiftungsvermögens zu sprechen.

»Normalerweise empfehle ich ja, dass die Stiftung sich Immobilien anschafft und sich dafür verschuldet. Bei gemeinnützigen Stiftungen ist dieses Vorgehen allerdings nicht gern gesehen.«

Generell stelle sich die Frage, wie die Rendite zur Erfüllung des Stiftungszwecks erwirtschaftet werden solle, ergänzte sie. Denn viel Potenzial gab es ja nicht, wie Peter Steubner bereits festgestellt hatte.

»Ich würde das Gelände und die Immobilien kaufen und in die Stiftung einbringen«, erklärte Steubner schließlich. »Darüber hinaus hätte ich noch zwei Mehrfamilienhäuser, die in die Stiftung mit einfließen können. Die Mieteinnahmen müssten die größten Betriebskosten decken. Natürlich werde ich Kirche, Pfarrsaal, Jugendzentrum und Pfarrhaus modernisieren müssen. Das Pfarrhaus beziehe ich selbst und miete mich ein. Das bringt ebenfalls Einnahmen für die Stiftung.«

Katharina Hoffman war beeindruckt. »Du weißt schon, dass du damit einen enormen finanziellen Beitrag leistest«, gab sie zu bedenken.

»Deswegen möchte ich ja auch auf jeden Fall das Sagen haben«, erwiderte Peter Steubner. »Zunächst muss ich allerdings erst einmal das Gelände und die Gebäude erwerben.«

Die Weichen werden gestellt

Die Verhandlungen mit dem Bistum verliefen leichter als erwartet. Vielleicht lag es daran, dass Peter Steubner aus unzähligen Verhandlungen gestählt in die Gespräche ging. Er hatte allerdings auch den Eindruck, dass das Bistum froh war, eine tragfähige Lösung zu finden, die die Kirche und auch das Jugendzentrum dauerhaft für die Menschen in der Region erhielt.

Am Anfang war die Überraschung groß, dass ein Privatmann die Liegenschaften kaufen wollte. Als Peter Steubner während eines Verhandlungstermins allerdings umfassend die Planungen darlegte, die Stiftung und seine Ideen für den zukünftigen Betrieb vorstellte, wurde die Zustimmung immer breiter. Natürlich gab es einige Punkte, die besprochen und auch vertraglich festgehalten werden mussten. So sollten in der ehemaligen Kirche St. Anna keine Konkurrenzveranstaltungen zu den Gottesdiensten in der späteren Pfarrkirche stattfinden. Dafür wurde St. Anna grundsätzlich als Kirche erhalten, sodass zu bestimmten Anlässen auch hier Gottesdienste möglich waren. Außerdem sollte weiterhin die Möglichkeit bestehen, die Kirche für Hochzeiten und andere private kirchliche Feiern wie Silberhochzeiten, Goldene Hochzeiten oder Taufen zu nutzen. Neben diesen Aktivitäten konnte die Kirche auch für weitere Events wie Konzerte und Ähnliches in Anspruch genommen werden.

Die Preisverhandlungen verliefen schnell und reibungslos. Und als Peter Steubner zu einem späteren Zeitpunkt mit einem Architekten seiner Wahl eine Ortsbegehung machte, gab es weitere gute Nachrichten. So baufällig, wie sie immer dargestellt wurde, war die Kirche gar nicht. Die Bausubstanz stimmte, es mussten lediglich Ausbesserungen vorgenommen und eine neue Heizungsanlage installiert werden. Peter Steubner vertraute hierbei auf einen SHK-Fachhandwerker, der zu einem Blockheizkraftwerk riet, das künftig nicht nur die Kirche, sondern auch das Pfarrheim, das Jugendzentrum und das Pfarrhaus mit Wärme versorgen sollte. Dazu produzierte es auch noch Strom, sodass für die Zukunft mit deutlich geringeren Betriebskosten zu rechnen war als zunächst befürchtet. Das würde ein weiteres Mal der

Stiftung zugutekommen, die dann noch leichter ihren Zweck erfüllen konnte.

Es war ein regnerischer und kühler Sonntag, an dem ein weiteres Mal zu einer Gemeindeversammlung eingeladen wurde. Diese sollte direkt im Anschluss an die Messe stattfinden. So war die Kirche ein weiteres Mal richtig voll. Denn die Einladung war bewusst vage gehalten. Es war nur angedeutet, dass es einen neuen Nutzungsplan für die Kirche gäbe, sich ein Investor gefunden habe und er seine Planungen während der Versammlung vorstellen wolle.

Peter Steubner blickte sich in der Kirche um. Er sah zahlreiche zweifelnde Gesichter. Sicherlich dachten sie, dass das Ende für die Kirche noch schneller käme als angekündigt, stellte er fest. Tatsächlich steigerte es seine eigene Vorfreude auf seinen Vortrag, den er vorbereitet hatte. Als die Messe schließlich zu Ende war und der Pfarrer einlud zu bleiben, ging niemand. Nach einer kurzen Umziehpause erschien er wieder im Altarraum.

»Ich freue mich, dass Sie alle geblieben sind«, sagte er. »Es zeigt mir, wie sehr Sie mit dieser Kirche verbunden sind. Und ich hoffe, dass das, was Ihnen nun vorgetragen wird, auf Ihre Zustimmung trifft.«

Gemurmel erklang in den Kirchenbänken. Die Gemeindemitglieder waren komplett ahnungslos.

»Ich darf nun unser Gemeindemitglied Peter Steubner nach vorne bitten.«

Steubner erhob sich und schritt durch den Mittelgang nach vorne. Das Raunen und Getuschel in den Bänken verstärkten sich.

»Vielen Dank«, sagte Peter Steubner zu dem Pfarrer, als er das Mikrofon von ihm entgegennahm.

»Ich bin selbst ein Kind dieser Gemeinde«, wendete er sich an die Anwesenden. In diesem Moment war es in der Kirche vollkommen still. Was wollte dieser Mann erzählen? Diese Frage stand praktisch schon spürbar im Raum. Peter Steubner redete weiter: »Als ich hörte, dass unsere Kirche und vor allem auch die ›Arche Noah‹ geschlossen werden sollte, war ich wütend und bitter enttäuscht, wie vermutlich alle, die heute hier sind.«

Beistimmendes Gemurmel erklang.

»Ich selbst verbinde mit dieser Kirche und dem Jugendzentrum sehr schöne Erfahrungen. Vor allem die ›Arche Noah‹ hat mich in meiner Kindheit lange Jahre begleitet. Ich kann mich an wundervolle Nachmittage erinnern und auch an so manche Ferienfreizeit, die von hier organisiert wurde.«

Peter Steubner wusste, dass er diese Erinnerungen mit vielen der Anwesenden teilte. Dann ließ er die Bombe platzen: »Ich habe mich daher entschlossen, die Kirche, das Gelände und all die übrigen Gebäude, die sich darauf befinden, zu kaufen. Und ich kann Ihnen heute sagen, dass ich den Zuschlag vom Bistum erhalten habe.«

Ein Raunen ging durch den Zuschauerraum. Es war verhalten fröhlich. Denn was wollte Peter Steubner mit einer Kirche anfangen?

»Mein Ziel ist es, die Kirche und das Jugendzentrum in ihrer Funktion so weit wie möglich zu erhalten.«

Ein paar Leute klatschten, aber Peter Steubner machte eine beschwichtigende Handbewegung.

»Bitte lassen Sie mich ausreden«, bat er und setzte seine Rede fort. »Ich möchte Grundstück und Kirche nicht selbst behalten, weil ich finde, dass sie uns allen gehören. In den kommenden Wochen werde ich daher eine Stiftung gründen, in die ich die Liegenschaft als Vermögen einbringe. Alle sind herzlich eingeladen, sich an dieser Stiftung zu beteiligen und die Zukunft von St. Anna und der ›Arche Noah‹ aktiv mitzugestalten.«

Nun gab es kein Halten mehr. Applaus brandete auf. Als sich der Begeisterungssturm langsam gelegt hatte, ergriff Peter Steubner erneut das Wort: »Ich möchte nun alle, die sich eine Mitarbeit an diesem Projekt vorstellen können, einladen, mit ins Pfarrheim zu gehen. Dort können wir uns über das weitere Vorgehen abstimmen.«

Es waren viele, die dieser Einladung gerne folgten.

Es wurde ein fröhlicher Nachmittag, der mehrere Stunden in Anspruch nahm. Viele Gemeindemitglieder hatten Ideen, die Peter Steubner gerne aufnahm. Es wurde beschlossen, einen Koordinierungskreis zu bilden, der alle Ideen sichtete und auf ihre Durchführbarkeit prüfte. Darüber hinaus kamen verschiedene Gemeindemitglieder auf Peter Steubner zu, die ihm eine finanzielle Unterstützung anboten. Besonders eindrucksvoll war, dass auch einige Handwerker sich anboten, an den Renovierungs- und Modernisierungsmaßnahmen, die notwendig waren, mitzuwirken – ehrenamtlich, verstand sich. Damit waren die Weichen für die Stiftung gestellt.

Die Stiftung wird gegründet

Die formalen Zügel hielt Peter Steubner selbst in der Hand. Er setzte sich mit Katharina Hoffmann zusammen, um die Formalien der Stiftungsgründung zu besprechen.

»Zunächst benötigen wir den Stiftungszweck«, erklärte Katharina Hoffmann. »Hier sollten wir nicht zu speziell werden, damit du später ausreichend Gestaltungsspielraum hast.«

»Wie wäre es mit: ›Die Stiftung verfolgt den Zweck, das gesellschaftliche Zusammenleben der ehemaligen Kirchengemeinde St. Anna zu erhalten und zu fördern.‹«

»Nicht schlecht«, pflichtete Katharina Hoffmann bei.

Peter Steubner lehnte sich zurück und erklärte seine weiteren Gedanken: »Und zur Zweckerfüllung schreiben wir dann: ›Der Zweck lässt sich durch Veranstaltungen in und um die Kirche, durch die Unterstützung durch die Bürger im Bereich der ehemaligen Gemeinde und durch die Einrichtung zusätzlicher Institutionen wie beispielsweise einen gastronomischen Betrieb oder Einrichtungen zur Kinderbetreuung und Altenpflege erfüllen.‹«

Wieder nickte Katharina Hoffmann: »Man merkt, dass du vom Fach bist. Ich denke aber, dass wir in der weiteren Ausarbeitung ruhig noch mehr Beispiele nennen sollten.«

»Da vertraue ich ganz auf deine Erfahrung«, sagte Steubner. »Ein weiterer wichtiger Punkt ist die Frage nach dem Vorstand und den Gremien.«

Katharina Hoffmann nickte. »Ja, richtig. Da werden wir dich als Vorsitzenden des Vorstands implementieren, der die weiteren Vorstandsmitglieder auswählt. Du bist nicht abwählbar und erhältst die Möglichkeit, deinen Nachfolger selbst zu bestimmen.«

»Klingt gut«, sagte Steubner. »Unter dem Vorstand hätte ich gerne ein Kuratorium, in dem verdiente Mitglieder der Gemeinde einen Platz finden und mitreden können. Das operative Geschäft sollte durch einen hauptamtlichen Geschäftsführer erfolgen. Er könnte verschiedene Arbeitsgruppen einsetzen, sodass wir das ehrenamtliche Engagement möglichst gut binden und kanalisieren.«

»So machen wir's«, stimmte Katharina Hoffmann zu.

Es dauerte einige Zeit, bis die Stiftungssatzung wasserdicht und unter Dach und Fach war. Vor der Stiftungsgründung wurde mit der zuständigen Finanzbehörde außerdem geprüft, ob die Gemeinnützigkeit der Stiftung auch anerkannt wird. Auf diese Weise konnte sie dann in der Zukunft steuerliche Vorteile bei ihrer Arbeit nutzen. Schließlich war das umfangreiche Vertragswerk fertig und die Stiftung bereit, gegründet zu werden. Katharina Hoffmann bereitete den Antrag für die Stiftungsbehörde vor. Peter Steubner überschrieb das Kirchengelände, die darauf befindlichen Gebäude und zwei seiner Mehrfamilienhäuser der Stiftung.

»Nun müssen wir nur noch auf die behördliche Anerkennung warten«, stellte Katharina Hoffmann fest.

Eine lebendige Gemeinde, die keine ist

Mit der Anerkennung begann die Arbeit. Peter Steubner berief für den Vorstand zwei erfahrene Leute aus dem ehemaligen Kirchenvorstand. Der eine hatte Erfahrungen in der Immobilienbranche, der zweite kam aus dem kulturellen Bereich. Beide Themen würden auch für die Stiftung eine wichtige Rolle spielen. Und mit seinem eigenen rechtlichen Hintergrund war der Vorstand sehr gut aufgestellt.

Für das Kuratorium konnten sich Interessierte freiwillig melden. Es waren vor allem verdiente Gemeindemitglieder, die sich um einen Platz bewarben und somit die Interessen der Stiftung bestens im Blick hatten.

Am besten fand Peter Steubner allerdings ihre Wahl des Geschäftsführers. Hierfür konnten sie eine junge Frau gewinnen, die ihre Jugend ebenfalls – und vor gar nicht allzu langer Zeit – im Jugendzentrum »Arche Noah« verbracht hatte. Inzwischen hatte sie ein Studium zur Sozialpädagogin abgeschlossen und war für die Stelle ideal geeignet. Denn sie war nicht nur mit dem Kopf, sondern auch mit dem Herzen bei der Sache.

Die Renovierungs- und Modernisierungsarbeiten an Kirche, Pfarrheim und Jugendzentrum verliefen zügig und glatt. Die Handwerker hatten Wort gehalten, sodass für alle Arbeiten nicht viel mehr als die Materialkosten anfielen. Einzig die neue Heizungsanlage musste von einem externen Betrieb installiert werden. Das ehemalige Pfarrhaus wurde in ein Bürogebäude umgewandelt, in das schließlich Peter Steubner selbst mit seiner Anwaltskanzlei einzog. Zudem waren einige Räume für die Stiftungsverwaltung reserviert.

Nachdem alle organisatorischen und handwerklichen Vorarbeiten abgeschlossen waren, begann die eigentliche Arbeit. Unter Federführung der Geschäftsführerin wurden Arbeitskreise eingerichtet, die die Ideen aus den vorbereiteten Sitzungen in die Tat umsetzen sollten. Die Teilnahme an diesen Arbeitskreisen war überwältigend, sodass für alle Aktionen ausreichend freiwillige Helfer zur Verfügung standen.

Im Pfarrheim wurde ein Café eingerichtet, das vom frühen Nachmittag bis in die Abendstunden geöffnet war. Bereits nach kurzer Zeit erfreute sich dieser Treffpunkt großer Beliebtheit. Am Nachmittag waren es die älteren Bewohner der Umgebung, die sich hier zu Kaffee und Kuchen trafen. Abends war das Café aufgrund seiner fairen Preise vor allem bei der Jugend beliebt. An den Wochenenden wurde der ehemalige Pfarrsaal meist vermietet. St. Anna und die Location erwarben sich einen hervorragenden Ruf als Ort, an dem man seine Hochzeit feiern konnte.

Als der Sommer kam, entstand die Idee, direkt an der Kirche einen Biergarten einzurichten. Eine entsprechende Hütte für Grill und Zapfanlage war schnell errichtet. Bierzeltgarnituren sorgten für ein rustikales Flair und der Ortsteil war um eine Attraktion reicher.

In der Kirche selbst fanden regelmäßig verschiedenste Veranstaltungen statt. Das Angebot reichte von Konzerten bis hin zu einem regelmäßigen Kinotag einmal im Monat. Sonntags, wenn die Messe in der Pfarrkirche zu Ende war, fand ein musikalischer Frühschoppen statt, bei dem Jazz und andere Stilrichtungen die Kirchgänger zu einer ausgedehnten Vormittagsgestaltung anlockten.

Besonders stolz war Peter Steubner allerdings auf die sozialen Angebote. Die Anwohner rings um die Kirche zeichneten sich durch eine ausgesprochene Spendenbereitschaft aus. So wurde eine Art Tafel eingerichtet, bei der finanziell schlechter gestellte Familien günstige Lebensmittel kaufen konnten. Außerdem konnte die Stiftung Jugendliche bei ihrer Ausbildung unterstützen. Und bald schon konnte im Jugendzentrum »Arche Noah« sogar der erste eigene Auszubildende seine Arbeit aufnehmen.

Das Jugendzentrum – genau das war ja einmal der Ausgangpunkt für Peter Steubners Engagement gewesen. Heute war der Betrieb sicherer denn je. Das Angebot konnte ausgeweitet werden. So würden heute und auch in Zukunft noch Generationen von Kindern hier eine feste Anlaufstelle finden.

»Ist es nicht erstaunlich, was alles aus dieser fixen Idee entstanden ist?«, sagte Peter Steubner eines Abends zu seiner Frau, als er mit ihr im Café der Stiftung saß und ein wenig vom Alltag abschaltete.

»Ja, und das alles hast du erschaffen«, gab seine Frau zurück.

»Es ist durch die Hilfe der zahlreichen ehrenamtlichen Helfer entstanden, die hier jeden Tag ihre Zeit und ihre Arbeitskraft einsetzen«, gab Steubner zurück.

Seine Frau lächelte. »Du hast Recht. Die Gemeinde erscheint mir fast schon viel lebendiger, als sie jemals war. Obwohl es ja jetzt eigentlich gar keine mehr ist.«

»Dann hat es sich ja auf jeden Fall gelohnt«, sagte Peter Steubner und lehnte sich zufrieden zurück.

Vorteile einer gemeinnützigen Stiftung aus diesem Fallbeispiel:

- Durch eine gemeinnützige Stiftung kann ein Zweck erfüllt werden, der der Gesellschaft dient und dabei steuerlich gefördert wird.
- Der Stifter behält, sofern er im Stiftungsvorstand ist, die Kontrolle, was mit dem Vermögen der Stiftung passiert und wie es gemäß Stiftungssatzung eingesetzt wird.
- Als Stifter einer gemeinnützigen Stiftung ist es möglich, gesellschaftliche Anerkennung zu erhalten.
- Der Stifter kann seinen Namen durch den Namen der Stiftung verewigen.

II.

HINTERGRÜNDE

Nach den Geschichten ist vor *Ihrer* Geschichte

Sie haben bis hierhin durchgehalten? Herzlichen Glückwunsch! Dann haben Sie jetzt einige Einsatzmöglichkeiten von Stiftungen kennengelernt.

Und? War auch ein Szenario dabei, bei dem Sie gedacht haben: »Das könnte auch für mich interessant sein?«

Wenn ja: Lassen Sie uns sprechen, um zu prüfen, was ich da für Sie tun kann. Es ist zwar nie zu spät, eine Stiftung zu gründen. Allerdings lohnt es sich sehr, immer so früh wie irgend möglich anzufangen.

Doch wahrscheinlich möchten Sie noch einige Fakten zum Stiftungswesen lesen, um noch besser beurteilen zu können, ob eine Stiftung für Sie in Frage kommt. Darum geht es in diesem Teil des Buches. Lassen Sie uns also gleich starten.

Stiftungen in Deutschland – eine alte Tradition

Die Anfänge des Stiftungswesens reichen bis weit in die Tiefen des Mittelalters zurück. Ein klassisches Beispiel waren die sogenannten Hospitalstiftungen, bei denen vermögende Bürger die Krankenversorgung in den Städten verbesserten, in denen sie lebten. Zugegeben: Diese frühesten Formen der Stiftung haben mit den heutigen, an enge rechtliche Bestimmungen gebundenen Stiftungen nicht mehr allzu viel zu tun – auch wenn die ältesten heute noch bestehenden Stiftungen Deutschlands auf solche historischen Engagements zurückgehen.

Heute gibt es in Deutschland laut Bundesverband Deutscher Stiftungen e.V. mehr als 20 000 rechtsfähige Stiftungen – Tendenz steigend. Eines ist dabei auffällig: Der weitaus größte Teil der Stiftungen – mehr als 96 Prozent – ist auf gemeinnützige Zwecke ausgerichtet. Sie dienen damit Zwecken, die der Gesellschaft zugutekommen. Davon haben Sie wahrscheinlich auch schon gehört, oder?

Dieses Engagement ist wunderbar und stellt heute eine wichtige Stütze unserer Gesellschaft dar. Auch in Zeiten, in denen der Staat sich mit der Hilfe von hohen Steuereinnahmen vor allem administrativ mehr und mehr aufbläht und sich auch in sozialen Bereichen betätigt, bleiben viele wichtige Aufgaben unerledigt oder das Geld kommt nicht dort an, wo es wirklich benötigt wird. Hier schaffen es gemeinnützige Stiftungen, deren Aktivitäten durch eine attraktive Steuergesetzgebung unterstützt werden, diese Lücke ein Stück weit zu schließen.

So lobenswert und sinnvoll die gemeinnützig ausgerichteten Stiftungen sind: Eine Stiftung kann auch einem privaten Zweck folgen. Und ebenso wie die gemeinnützige hat auch die privat ausgerichtete Stiftung ihre Daseinsberechtigung. Denn der Begriff der Gemeinnützigkeit ist ein Begriff, der in der Abgabenordnung der verschiedenen Finanzbehörden verankert ist. Sich an diesen aufgeführten Zwecken zu orientieren ist die Grundvoraussetzung, um steuerliche Vorteile in Anspruch nehmen zu können.

Wie Sie in den Fallbeispielen lesen konnten, gibt es allerdings auch gute Gründe, eine Stiftung auf einen privaten Zweck auszurichten. Und dies wird aufgrund der zunehmenden Steuerlast für jeden auch immer interessanter. Wie interessant das konkret für Sie sein könnte, müsste in einem Gespräch geklärt werden.

Eine auf einen privaten Zweck ausgerichtete Stiftung dient der Gesellschaft nicht direkt. Wenn Sie und Ihre Familie gut versorgt sind, dann kommt das natürlich auch der Gesellschaft zugute – beispielsweise durch Ihren Konsum und Ihre Unabhängigkeit von staatlichen Almosen der Umverteilung.

Erstaunlicherweise wird das Instrument der sogenannten »Familienstiftung« zum jetzigen Zeitpunkt allerdings noch sehr selten genutzt. Das liegt zum einen möglicherweise daran, dass das geschätzte Durchschnittsvermögen einer solchen Stiftung bei 222 Millionen Euro liegt. Zum anderen liegt es aber auch daran, dass dieses Werkzeug den allermeisten Menschen, für die es potentiell in Frage kommen könnte, gänzlich unbekannt ist.

Die Zahl der privat ausgerichteten Stiftungen liegt aktuell in Deutschland noch deutlich unter der Marke von 2000 – allerdings mit inzwischen (auch dank meiner Arbeit) stark zunehmender Tendenz. Damit Sie diese Zahl ins Verhältnis setzen können: Da es im Gegensatz zum Handelsregister kein offizielles Register für Stiftungen gibt, schwanken die Schätzungen für rechtsfähige gemeinnützige Stiftungen zwischen 22 000 und 27 000. Dabei sind Treuhandstiftungen nicht berücksichtigt, da diese überhaupt nicht erfasst werden.

Was ist eine Stiftung – und wie unterscheidet sich die gemeinnützige Variante von der privatrechtlichen?

Nehmen wir an, Sie sind einer eigenen Stiftung grundsätzlich nicht abgeneigt. Dann überlegen Sie jetzt vielleicht noch, welche Variante für Sie in Frage kommt. Durch die Fallbeispiele haben Sie das vielleicht schon klar vor Augen.

Hier erfahren Sie noch kurz ein paar Hintergründe in den wichtigsten Varianten:

Von ihrem grundlegenden Wesen sind gemeinnützige und privat ausgerichtete Stiftungen gleich. Es handelt sich in beiden Fällen – vereinfacht gesagt – um ein verselbstständigtes Vermögen, das einem bestimmten Zweck dient. Noch kürzer gesagt: Eine Stiftung ist ein *dienendes* Vermögen. Das Vermögen wird von dem jeweiligen Stifter bereitgestellt, der im Stiftungsakt auch den Stiftungszweck festlegt.

Wichtig zu beachten ist dabei: Das Vermögen gehört nach der Stiftung nicht mehr dem Stifter, sondern der Stiftung. Und genau das hat bei einigen meiner Kunden vor der Gründung der Stiftung erst einmal für – sagen wir mal – mentale Unruhe gesorgt: »Was? Ich muss mein Vermögen weggeben?« Ja, das müssen Sie. Also, Sie müssen natürlich gar nichts. Und wenn wir uns zu einem frühen Zeitpunkt Ihrer Vermögensbildung kennenlernen, haben Sie das Glück, dass Sie noch nicht einmal das tun müssen! Denn dann kann Ihr Vermögen direkt in der Stiftung wachsen – und Sie haben finanziell gesehen viel mehr Spaß (aus unterschiedlichen Gründen).

Aber zurück zum Thema: Bei einer Stiftung handelt es sich um ein rechtlich genau definiertes Instrument. Die Stiftungszwecke sind in ihrer Vielfalt wenig begrenzt, so lange sie sich an die geltenden Gesetze halten. Durch die Fallbeispiele ist Ihnen inzwischen wohl klargeworden, dass es sich sehr stark lohnt, bei dem Begriff Stiftung über die Gemeinnützigkeit hinauszudenken, oder?

Dienendes Vermögen auf ewig

Ein weiteres Wesensmerkmal von Stiftungen ist, dass sie für die Ewigkeit bestimmt sind.

Ja, die Ewigkeit. Das ist ein ganz schön langer Zeitraum, nicht wahr? Einige Menschen – zu denen Sie natürlich nicht zählen – haben ja schon Schwierigkeiten, ein Jahr zu planen (und diese Planung sogar umzusetzen). Haben Sie schon mal in »Ewigkeits-Kategorien« gedacht? Welche Entscheidungen muss und darf der Vorstand der von mir gegründeten Stiftung in 100 Jahren treffen? Oder in 200 Jahren? Und was bedeutet das für die Stiftungssatzung, die ich heute verfasse? Eine gute Frage. Dazu gleich mehr.

Zum Glück gibt es rechtliche Möglichkeiten, eine Stiftung auch wieder aufzulösen. Vor allem wenn der Stiftungszweck nicht mehr gegeben ist, verschwinden Stiftungen wieder. Zum Beispiel, wenn es keine Destinatäre mehr gibt, also wenn zum Beispiel Ihre Enkel keine Kinder mehr bekommen. Ja, Sie erahnen die Tragweite Ihrer Entscheidungen heute, nicht wahr?

Gewollt ist die Auflösung einer Stiftung aber nicht. Die Stiftung ist als dauerhafte Einrichtung vorgesehen. Eine Ausnahme bilden sogenannte Verbrauchsstiftungen. Sie setzen für den Stiftungszweck das eigene Stiftungsvermögen ein, bis dieses Kapital aufgebraucht ist. Damit entsprechen Verbrauchsstiftungen von ihrem Wesen eher einer langfristig angelegten Spende und sind als Sonderform zu betrachten.

Noch einmal: Aufgrund des Ewigkeitsanspruchs haben einerseits alle Entscheidungen, die man heute im Rahmen einer Stiftungsgründung trifft, eine enorme Tragweite. Auf der einen Seite bedeutet das, dass Sie den Stiftungszweck Ihrer Stiftung entsprechend weit wählen sollten, damit die Erfüllung dieses Zweckes auch dauerhaft möglich bleibt. Auf der anderen Seite bedeutet der Charakterzug der Ewigkeit allerdings auch, dass der Stiftungszweck auch tatsächlich auf ewig erfüllt werden will und dafür entsprechendes Vermögen vorhanden sein sollte. Am interessantesten ist es, mit so wenig Vermögen wie möglich die Stiftung zu gründen und dann das Vermögen innerhalb der Stiftung wachsen zu lassen – auf ganz unterschiedliche Art und Weise. Dieses Vermögen – sowohl jenes bei Gründung, also nach dem Stiftungsakt, als auch jenes, welches erwirtschaftet wird – mag zwar nicht mehr dem Stifter, also Ihnen, gehören, es dient Ihnen aber ewig weiter. Ist das nicht großartig? Und es kann dabei weder durch Erbschaften oder Scheidungen noch durch Insolvenzen verloren gehen. Und ist das nicht noch viel großartiger?

Rechtsfähige Stiftungen und Treuhandstiftungen

Schauen wir uns noch schnell die beiden wesentlichen Rechtsformen an:

Zwei grundlegende Arten von Stiftung lassen sich durch die jeweils gewählte Rechtsform unterscheiden:

Die rechtsfähige Stiftung stellt eine eigene Rechtsperson dar. Sie verfügt über eine eigene Satzung und über eigene Organe. Bei fast jeder Stiftung zählt dazu ein Vorstand. Weitere Organe wie ein Kuratorium oder ein Beirat sind ebenfalls denkbar. Ihre Rechtsfähigkeit erhält die Stiftung durch die Anerkennung der jeweils zuständigen Stiftungsbehörde des Bundeslandes, in dem die Stiftung ihren Sitz haben soll. Dies muss übrigens nicht Ihr persönlicher Wohnsitz sein.

Die Stiftungsbehörde prüft im Zuge der Stiftungsgründung unter anderem, ob die Stiftung allen rechtlichen Vorschriften entspricht und ob sich der Stiftungszweck mit dem eingebrachten Vermögen auf Dauer erfüllen lässt. Die Einschätzung dazu kann sehr stark schwanken – von Bundesland zu Bundesland, von einem Beamten zum anderen, von wirtschaftlichen Rahmenbedingungen wie einer Niedrigzinsphase bis zu anderen Faktoren. Auch hier kann ich Ihnen nur dazu raten, sich in diesem Prozess von einem echten, erfahrenen Spezialisten begleiten zu lassen. Natürlich empfehle ich Ihnen das auch im eigenen Interesse, aber auch aufgrund der teilweise krassen Erfahrungen von Interessenten, die dann später mit »unschönen« Erfahrungsberichten doch zu mir kamen, um praktischen Rat einzuholen.

Mein Interesse ist es, Ihnen diese zeitlichen und finanziellen Schmerzen zu ersparen. In Zusammenarbeit mit den rechtlichen und steuerlichen Beratern konnten wir die Projekte dann doch noch realisieren.

Sie gehen ja auch nicht für eine Herzoperation zu Ihrem Hausarzt, oder?

Zurück zum Prozess der Gründung und was danach passiert: Die rechtsfähige Stiftung unterliegt auch nach ihrer Gründung der behördlichen Aufsicht. Die Stiftung muss der Behörde Rechenschaft über die Stiftungsarbeit ablegen. Entweder auf Nachfrage der Behörde oder regelmäßig – je nachdem, wie Sie die Satzung gestaltet haben. Auf diese Weise wird sichergestellt, dass die Stiftung im Sinne des Stifters agiert.

Anders ist es bei der Treuhandstiftung: Diese muss nicht durch die Stiftungsaufsicht genehmigt werden. Sie entsteht durch einen Vertrag, der zwischen dem Stifter und dem Treuhänder geschlossen wird. In dem Treuhandvertrag ist das Stiftungsgeschäft enthalten, in dem der Stifter seine Absicht zur Stiftung bekundet. Zudem ist auch der Stiftungszweck genannt. Der Treuhänder verpflichtet sich, das Stiftungsvermögen zu verwalten und die daraus entstehenden Erträge für den Stiftungszweck einzusetzen.

Bei der Wahl des richtigen Treuhänders ist darauf zu achten, dass auch die Treuhandstiftung auf ewig angelegt wird, natürliche Personen allerdings sterblich sind. Es ist somit sinnvoll, eine Institution wie eine darauf spezialisierte Rechtanwaltskanzlei als Treuhänder zu wählen, die die Verwaltung der Stiftung dauerhaft gewährleisten kann. Der Treuhänder kann selbstverständlich auch gewechselt werden, wenn er nicht mehr das Vertrauen des Stifters hat.

Eine Treuhandstiftung bietet den Vorteil eines sehr geringen bürokratischen Aufwandes. Für den Stifter ist weder die Stiftungsgründung noch ihre Verwaltung mit einem großen zeitlichen Aufwand verbunden. Eine Treuhandstiftung kann dabei auch einen Startpunkt darstellen. Die Stiftung wird zunächst in dieser Form gegründet und später in eine eigenständige, rechtsfähige Stiftung umgewandelt.

Die Satzung: Das Herzstück und das Gesetz der Stiftung

Was Sie in die Satzung schreiben, gilt! Es ist wie in Stein gemeißelt. Punkt.

Bitte verwechseln Sie das nicht mit einem Gesellschaftsvertrag einer GmbH, bei der Sie einfach zum Notar gehen können und mit allen Gesellschaftern munter herumdoktern können, wie es Ihnen gerade passt. Das findet hier schlichtweg nicht statt.

Sehen Sie es mir bitte nach, dass ich das so hart und klar sage, ich tue das in Ihrem Interesse: Gönnen Sie sich und Ihrer Satzung ausreichend Zeit, um die Satzung reifen zu lassen!

Natürlich gebe ich Ihnen als Startpunkt eine Mustersatzung in die Hand – schreiben Sie mich gerne an. Ich schicke sie Ihnen zu. Vergleichen Sie das mal mit Ihrem nächsten Autokauf: Ich schätze Sie so ein, dass Sie nicht einfach das meistgekaufte Standard-Auto in der Grundausstattung in der Standardfarbe haben wollen. Sie wollen ein Auto – oder was auch immer – Ihrer Wahl so, dass es zu Ihnen und Ihren Anforderungen passt, oder?

Was beinhaltet die Satzung überhaupt? Sie beschreibt, welche Organe sie umfasst, was der Stiftungszweck ist, wie dieser durch wen erfüllt wird und welche »Maßstäbe« dabei angelegt werden.

Es ist das Grundgesetz, es ist die »Bill of Rights«, die zehn Gebote Ihrer Stiftung.

Der Entwurf der Satzung bietet Ihnen einen großen gestalterischen Freiraum. Und mit großer Freiheit – und damit Macht – kommt bekanntlich große Verantwortung.

Ganz wenige Ausnahmen gibt es zwar unter ganz bestimmten Umständen, aber elementare Kernstücke wie der Stiftungszweck sind unveränderbar. Auch der Stifter selbst kann an diesen Stellen nachträglich nicht mehr auf die Satzung einwirken.

Dieser hohe Schutz der Satzung hat allerdings auch seine Vorteile. Im Vergleich zu einem Verein lässt sich die Mitbestimmung – zu Ihrem Glück – in der Stiftung gering halten. Das kann im Sinne des Stifters, also Ihnen, sein, da Sie ja schließlich das von Ihnen eingebrachte Vermögen in Ihrem Sinne eingesetzt wissen möchten, ohne dass Sie dabei eine »feindliche Übernahme« fürchten müssen. In der Satzung lässt sich beispielsweise festlegen, dass Sie als Stifter auf Lebenszeit auch den Vorstandsvorsitz innehaben. Großartig, oder?

Vielleicht wollen Sie auch, dass der Vorstand immer aus Familienmitgliedern bestehen muss. Oder Sie verfügen einfach, dass immer zumindest ein Mitglied der Gründerfamilie in dem Vorstand einen festen Sitz hat. Ihre Möglichkeiten sind vielfältig – und sie bieten Ihnen den Schutz, den Sie sich als Stifter vielleicht auch wünschen.

Mögliche Formen des Stiftungsvermögens

Nehmen wir an, Sie sind inzwischen überzeugt, dass eine Stiftung genau das Richtige für Sie ist. Sie wissen auch schon, welche Variante die richtige für Sie ist und denken sich: »Das mit der Satzung, das kriege ich schon hin.« Absolut richtig. Vielleicht stellen Sie sich jetzt als Nächstes die Fragen: »Wie mache ich das denn jetzt mit dem Stiftungsvermögen? Was kann ich da einbringen? Und wie viel darf oder muss es denn sein?«

Als Stiftungsvermögen können Sie im Grunde alles in die Stiftung einbringen. Die Bandbreite reicht von Geld über Wertanlagen wie Aktien und Immobilien bis hin zu Unternehmensanteilen. Die Stiftung kann dabei sechs von sieben in der Abgabenordnung genannten Einkunftsarten erwirtschaften. Die einzige Ausnahme bilden Einkünfte aus nichtselbstständiger Arbeit.

Aus meiner Sicht gibt es allerdings Einkommensarten, die zwar grundsätzlich möglich, in der Praxis allerdings schwer realisierbar sind. Zum Beispiel ist es für Stiftungen schwierig, freiberuflich als Arzt, Anwalt oder Steuerberater zu praktizieren.

Entscheidend ist, dass sich mit den Erträgen aus dem eingebrachten Vermögen der Stiftungszweck erfüllen lässt. Dieses Zusammenspiel von Vermögen und Zweckerfüllung wird durch die Stiftungsaufsicht bei der Stiftungsgründung überprüft. Somit lässt sich auch keine generelle Aussage tätigen, ab wann sich die Gründung einer Stiftung lohnt und welches Mindestvermögen eingebracht werden muss. Zu beachten ist allerdings, dass neben der Erfüllung des Stiftungszwecks auch die Ausgaben für die Verwaltung und der Werterhalt des Stiftungsvermögens aus den Erträgen abgedeckt werden müssen.

Funktionen, die Stiftungen leisten können – oder: Warum soll ich eine Stiftung gründen?

Wie Sie jeweils am Ende der Fallbeispiele aufgelistet gesehen haben, gibt es die unterschiedlichsten Funktionen, die die von Ihnen gegründete Stiftung je nach Ausgestaltung erfüllen kann. Ohne Anspruch auf Vollständigkeit habe ich diese für Sie noch einmal in chronologischer Reihenfolge aufgelistet:

- Vermögensaufbau (finanzielle Freiheit / eigene Altersvorsorge)
- Vermögensschutz
- Unternehmensschutz
- Versorgung der Familie (materiell / medizinisch etc.)
- Philanthropie (ein schönes Fremdwort, oder?), also die Menschenliebe entweder zur eigenen Familie oder zur Gesellschaft durch eine gemeinnützige Stiftung.

Das klingt doch schon mal ganz gut, oder? Gehen wir gemeinsam noch einmal ganz kurz auf jeden einzelnen Punkt ein:

Vermögensaufbau (finanzielle Freiheit / eigene Altersvorsorge)

Gerade bei Unternehmern und Freiberuflern, die noch sehr weit am Anfang ihrer Laufbahn stehen, kann und sollte der Vermögensaufbau das Ziel einer Stiftung sein. Das Vermögen kann auf unterschiedlichen Wegen innerhalb der Stiftung wachsen, beispielsweise, wenn eine Immobilie in die Stiftung eingebracht und von der Stiftung finanziert wird. Auf diese Weise dient die Stiftung der eigenen finanziellen Absicherung für die fernere Zukunft.

Vermögensschutz

Auch wenn ich mich wiederhole, weise ich noch einmal darauf hin: Vor dem Hintergrund des Vermögensschutzes ist entscheidend, dass das Vermögen durch den Stiftungsakt nicht mehr dem Stifter, sondern der Stiftung gehört. Das Vermögen bleibt dadurch dauerhaft und in seiner Gesamtheit erhalten. Im Falle einer Scheidung kann es nicht aufgeteilt werden. Ebenso führen auch Erbfälle nicht zu einer Zersplitterung des Stiftungsvermögens. Vor allem für Immobilien und Unternehmensanteile kann das entscheidend sein. Und im Falle einer Insolvenz bleibt Gläubigern und Dritten der Zugriff auf das Vermögen verwehrt. Auch wenn eine private oder berufliche Insolvenz den sogenannten *worst case* darstellt – und dieser bei Ihnen natürlich niemals eintreten wird – ist es doch schön zu wissen, dass selbst dann Ihr Vermögen abgesichert wäre. Das ist wie ein Regenschirm, den ich manchmal mitnehme, nur damit es nicht regnet. ☺

Unternehmensschutz

Beim Unternehmensschutz ist es ähnlich wie beim Vermögensschutz: Das Unternehmen gehört nicht mehr Ihnen. Sie besitzen es nicht (mehr), daher kann es Ihnen auch nicht weggenommen werden (siehe oben zum Thema *worst case*). Treffen Sie beim Einbringen der Unternehmensanteile eine weise Entscheidung.

Versorgung der Familie (materiell / medizinisch / ...)

Die materielle Versorgung ist einer der wichtigsten Zwecke, der durch eine Stiftung erzielt werden kann. In meiner persönlichen Wahrnehmung ist es traurig bis tragisch, wenn mangelnde materielle Versorgung Träume zerstört, medizinisch notwendige, aber von der Krankenkasse nicht bezahlte Behandlungen verhindert, man selbst oder die Familie auch im hohen Alter noch jeden Cent umdrehen muss oder die Kinder nicht die Ausbildungen oder Studiengänge absolvieren können, die ihrer Leidenschaft entsprechen.

Auch hier zur Wiederholung: Die Erträge, die aus dem Vermögen der Stiftung erwirtschaftet werden, sollen einem bestimmten Personenkreis zugutekommen, den Sie als Stifter definieren. Dies können Ihre Kinder, die Verwandten oder auch andere Personen sein. Ein bestehendes Vermögen kann dabei in die Stiftung eingebracht werden, um diese Aufgabe zu erfüllen. Eine Stiftung ist aus meiner persönlichen Erfahrung heraus die beste Möglichkeit, diese Aufgabe zu erfüllen.

Philanthropie / Menschenliebe

Selbstverständlich – oder zumindest höchstwahrscheinlich – lieben Sie Ihre Familie. Ich zumindest liebe meine Familie. Diese möchte ich versorgt wissen.

Wenn Sie darüber hinaus noch andere Menschen – vielleicht auch solche, die möglicherweise nicht so einen guten Start ins Leben hatten wie Sie – unterstützen möchten, dann gibt es die gemeinnützige Stiftung. Eine wertvolle Sache für unsere Gesellschaft, in der wir alle leben. Das sieht auch der Gesetzgeber so und verschafft gemeinnützigen Organisationen Steuervorteile: Das Gemeinnützigkeitsrecht definiert über die Förderung von Jugend- und Altenhilfe oder der Förderung der Gleichberechtigung von Frauen und Männern in der Abgabenordnung noch viele weitere gemeinnützige Zwecke, wie z. B. die Förderung von Kunst und Kultur, Tierschutz, Rettung in Lebensgefahr, Heimatpflege und viele mehr. Vielleicht ist ja etwas für Sie dabei. Schauen Sie doch einfach mal in der Abgabenordnung nach.

Doch so schön die Gemeinnützigkeit, also die Förderung z. B. von anderen Menschen auch ist: Denken Sie an die Anweisungen im Flugzeug im Falle eines Druckverlustes: »Versorgen Sie zuerst sich selbst und kümmern Sie sich danach um andere.« Diese Reihenfolge halte ich auch im privaten Leben für sinnvoll. Denn wenn ich selbst versorgt bin, falle ich zumindest schon mal anderen nicht mehr zur Last. Und wenn ich gesund dastehe – körperlich, emotional und finanziell – dann helfe ich sehr gerne auch anderen.

Gerne dürfen Sie sich auch selbst lieben und im wahrsten Sinne des Wortes verewigen: Verknüpfen Sie die Tätigkeit, also den Lebenszweck Ihrer (gemeinnützigen) Stiftung mit Ihrem eigenen Namen. Ihr Name wird dann lebendig bleiben und ggf. bedacht werden von den von Ihnen begünstigten Personen – auch wenn Sie selbst schon lange nicht mehr leben. Auch das ist ein Wesenszug einer Stiftung.

Schlussworte – oder erst der Start?

Sie haben durchgehalten! Herzlichen Glückwunsch! Sie haben »Finisher«-Qualitäten. Das ist sehr wichtig für Erfolg im Leben. Aber das wissen Sie wahrscheinlich selbst.

Wie geht es Ihnen jetzt?

Ich gebe zu: Dieses Buch ist kein typisches Fachbuch mit Rechenbeispielen, To-do-Listen und Worksheets. Das sollte es auch nie werden oder sein. Dieses Buch sollte Sie an die Hand nehmen und in dieses tolle Thema unterhalterisch-informativ einführen.

Können Sie Ihre Stiftung und das, was diese Stiftung für Sie tun kann, in Farbe vor Ihrem inneren Auge sehen? Konnte ich diese Bilder und dazugehörigen Töne zum Leben erwecken?

Ja, ich spreche von *Ihrer* Zukunft: Wie hört sich Ihre Zukunft an? Welche Menschen sind Teil Ihrer Zukunft? Was schmecken und riechen Sie?

Denn es geht hier um Sie. Und zwar nur um Sie.

Die Stiftung ist nur ein Werkzeug auf Ihrem Weg zu Freiheit, Sicherheit, Leichtigkeit und familiärer Harmonie. Nicht mehr, aber eben auch nicht weniger.

Natürlich brauchen Sie noch weitere Informationen. Konkrete Zahlen, bezogen auf Ihren konkreten Fall, was für Sie alles potentiell machbar sein könnte.

Mit diesem Buch habe ich Ihnen ja erst einmal nur zeigen können, dass es diese Welt überhaupt gibt. Ich habe Ihnen die Tür zu dieser neuen Welt gezeigt – und das macht mich froh. Denn jetzt kennen Sie eine entscheidende Möglichkeit, Vermögen aufzubauen, zu schützen und sich und Ihrer Familie eine materielle Versorgung zu ermöglichen, von denen andere Menschen zurzeit noch nicht einmal zu träumen wagen.

Eine Stiftung ist immer nur ein Teil einer Gesamtkonzeption. Gerne vergleiche ich es mit einem Bauwerk: Die Stiftung ist das Fundament. Das Haus auf diesem Fundament ist so individuell, wie wir Menschen es sind: Ob Sie Immobilien kaufen, Unternehmen einbringen oder was auch immer Sie in Ihrem Leben gerne tun und für sinnvoll halten. Wenn das Fundament unter Ihrem wunderschönen Haus jedoch nicht fachmännisch gebaut wurde, kann es dieses Haus einstürzen lassen. Und das wäre nicht nur schade. Es ist schlichtweg nicht akzeptabel! Sie haben ein stabiles Fundament verdient, um die Früchte Ihrer Arbeit auch genießen zu können.

Das war der erste Schritt auf einer wundervollen Reise. Gehen Sie auch den nächsten Schritt – zu Ihrem Wohle und zum Wohle Ihrer Familie.

Wenn man jung ist, ist es nicht das große Problem, kein Geld zu haben. Es ist in Ordnung, mit Interrail zu reisen, wochenlang in der Ausbildung nur Reis und Nudeln zu essen, in kleinen Zimmern einer Wohngemeinschaft oder einer kleinen Wohnung zu wohnen. Doch wenn man alt ist, darf Armut keine Option sein. Sie spüren vielleicht, dass dieses Thema mich emotional bewegt. Zu oft habe ich schon wie durch einen Türspalt Einblicke in das Leben von anderen Menschen bekommen, die weit hinter ihren Möglichkeiten zurückgeblieben sind. Oft einfach nur, weil kein Geld da war. Zum Glück kenne ich auch die andere Seite: Immer häufiger unterhalte ich mich mit Menschen, die durch Geld alleine zwar nicht glücklich werden, aber mit einem sicheren finanziellen Fundament unter den Füßen das Leben so leben, wie sie es für richtig halten. Sie würden mir wahrscheinlich nicht glauben, wie viele von denen eine Stiftung haben. Das ist auch nicht relevant.

Relevant ist, welche Schritte Sie jetzt gehen werden. Wie auch immer Sie sich entscheiden – ich wünsche Ihnen die Erfüllung Ihrer Träume!

Über den Autor

Als Leser stellen Sie sich bestimmt die Fragen: »Wer ist eigentlich dieser Sascha Drache, wie kommt er auf das Thema ›Stiftung‹ und warum könnte es sich lohnen, ihm zuzuhören?«

Gerne beantworte ich Ihnen diese Fragen und hole dafür ein wenig aus:

Bereits als Jugendlicher war ich viel in gemeinnützigen Vereinen aktiv. Was gemeinnützig bedeutete, wusste ich damals zwar noch nicht. Ich wurde dort aber immer freundlich empfangen, wurde freundlich behandelt, durfte Freude im Miteinander empfinden und schöne Dinge erleben.

Neben Bastelarbeiten, Gruppenspielen und Ausflügen wurde auch die Betreuung von Hausaufgaben für die Schule angeboten. Die Erledigung meiner Aufgaben machte mir zwar keinen besonderen Spaß, dafür erlebte ich viel Freude, wenn ich anderen Kindern bei ihren Aufgaben helfen konnte. Dafür bekam ich auch noch wertschätzendes Feedback, da ich anscheinend einen echten Mehrwert lieferte. Heute weiß ich, dass die begeisterte (und hoffentlich begeisternde) Vermittlung von Inhalten zu meinen Lebensmotiven zählt.

Ich erlebte also viele gute Stunden in diesem Verein. Ich machte mir keine Gedanken darüber, wie das alles funktionierte und wer das alles bezahlte. Ein paar Jahre später, als ich alt genug war, durfte ich als Schriftführer im Vorstand des Vereins Erfahrungen sammeln und einen Blick hinter die Kulissen werfen. Wie aufregend!

Allerdings war es auch eine ernüchternde Zeit. Denn in dem Jahr, in dem ich Schriftführer sein durfte, wurden Mittel gestrichen und das Volumen der Spenden ging zurück. Ich musste miterleben, wie

Projekte gestrichen wurden. Projekte, bei denen ich selbst als kleines Kind mitgemacht und viel Freude erlebt hatte. Zu wissen, dass man wertvolle Projekte – also Projekte, die Kindern Spaß machen und sie weiterbringen – nicht durchführen kann, nur weil Geld fehlt, machte mich traurig – und auch wütend.

Einige Jahre später erlebten wir alle eine sogenannte »Bankenkrise«, die zu einer Wirtschaftskrise wurde. Es folgten Rettungspakete und Rettungsschirme für Banken. Hier wurden circa 500 Milliarden Euro – gefühlt »mal eben so« – in die Hand genommen, um eine Branche zu retten, die kurz zuvor noch an Arroganz und Selbstherrlichkeit ihresgleichen suchte. Und im gleichen Jahr sparte das Bundesland Nordrhein-Westfalen 100 Millionen bei Bildungseinrichtungen ein, also in Kitas, Schulen, Vereinen usw.

Ich weiß nicht, wie es Ihnen in dieser Zeit ging und wie Sie über diese ganze Sache gedacht haben und heute denken. In mir erwachte die längst vergessene Wut wieder, weil mein Sinn für Gerechtigkeit und Fairness verletzt wurde. Als ich mich etwas beruhigt hatte, stellte ich mir selbst die Frage: »Was kann ich und was können wir Normalbürger im Mittelstand tun, um uns selbst zu schützen und das zu fördern, was wirklich wichtig ist?«

Es war klar: Ich würde erst ruhen können, wenn ich etwas gefunden hatte, das ich tun konnte.

Gemäß dem Leitsatz »Wer suchet, der findet« stieß ich durch verschiedene Menschen immer wieder auf das gleiche Thema: die Stiftung.

Eine Geschichte dazu möchte ich Ihnen kurz erzählen, da sie mich immer noch berührt: Ein Geschäftsmann, den ich auf einer Konferenz für Unternehmer traf, erzählte mir, dass er eine Stiftung gegründet hatte, die die Arbeit von Hospizen unterstützt, also Einrichtungen, die Menschen beim Sterben und bis zum Tod begleiten. Sein Vater hatte seine letzten Tage aufgrund einer Krankheit dort verbringen müssen. Sein Vater sei dort sehr fürsorglich und liebevoll betreut worden. Und irgendwie habe er dort – auch wohl durch die Gespräche mit den Mitarbeitern des Hospizes – noch kurz vor seinem Tod endlich den Frieden gefunden, den er sein ganzes Leben nicht gefunden hatte. Daher habe er, der Sohn, sich zum Ziel gesetzt, die Arbeit solcher Einrichtungen zu unterstützen, wollte aber, dass das weit über seinen eigenen Tod hinaus stattfindet. Auf der Suche nach einer passenden Möglichkeit sei er dann – Sie ahnen es – auf das Modell einer Stiftung gestoßen.

Dieser Unternehmer, der mir ein guter Freund war, ist inzwischen verstorben. Seine Stiftung aber lebt und hilft weiter. Unser erstes Gespräch damals hatte mich so stark beeindruckt, dass ich mich in das Thema Stiftung über zwei Jahre lang »eingegraben« habe: Ich las jede Publikation, in der das Wort »Stiftung« auch nur am Rande vorkam. Ich besuchte jede Konferenz und Veranstaltung, in der es irgendwie um Stiftungen ging. Ich besuchte Stiftungsbehörden. Ich suchte nach Menschen, die sich richtig gut mit Stiftungen auskannten. Auch deshalb, weil ich ja meine eigene Stiftung gründen wollte. Aber irgendwie konnte ich keinen passenden Berater finden. Vor allem nicht passend zu meinem Budget. Schließlich war ich auch nicht Robert Bosch, der ein Firmenimperium oder ganze Ländereien im Wert von vielen Millionen einbringen wollte oder konnte.

Also tat ich das, was ein Unternehmer eben tun muss: Ich unternahm die Gründung meiner ersten gemeinnützigen Stiftung selbst, obwohl ich damals schon von der Variante der sogenannten Familienstiftung wusste. Doch aufgrund meiner Erlebnisse wollte ich anderen, vor allem jungen Menschen helfen.

Ich gründete also die Stiftung, machte – natürlich – auch (zum Teil sehr teure) Fehler und sammelte über die Jahre so meine Erfahrungen im Umgang mit der Stiftung. Wie das alles so funktioniert, wie das mit der Stiftungsbehörde abläuft, wie eine Stiftung verwaltet werden muss und natürlich, wie konkrete Projekte realisiert werden. Endlich war ich dort angekommen, wo ich immer hinwollte: Ich wollte ja vor allem junge Menschen unterstützen.

Also errichteten wir, der Stiftungsvorstand, durch unsere Mittel Spielplätze auf Grundstücken von Kitas, die erschreckenderweise keine Spielplätze hatten, da die finanziellen Mittel fehlten.

Wir installierten in Schulen ganze Schulbibliotheken – ja, ich habe mich oft gefragt, wo denn eigentlich das ganze Steuergeld bleibt, aber das ist ein anderes Thema.

Einem gemeinnützigen Sportverein wurde die Hausmeisterstelle gestrichen. So konnte das Vereinsgelände, also auch der Sportplatz, nicht mehr bewirtschaftet werden und drohte unbrauchbar zu werden. Dort haben wir diese Hausmeisterstelle wieder geschaffen und dabei geholfen, auch Anschaffungen zu tätigen, damit die Bewirtschaftung einfacher vonstattengehen konnte. Das sind oft ganz banale Dinge wie ein gut funktionierender Rasenmäher. Ja, an so einfachen Dingen können Vereine scheitern. Und mit so einfachen Dingen konnten wir helfen.

Die Arbeit in und mit der Stiftung hat mir so viel Spaß gemacht, dass ich die Ausbildung zum Stiftungsmanager und zum Stiftungsberater an der Deutschen Stiftungsakademie (DAS) absolviert habe. Und ich besuchte weiterhin Veranstaltungen, auf denen es um dieses Thema ging.

Seit Jahren war mir in persönlichen Gesprächen aufgefallen, dass es viele Unternehmer gab, die gar keine gemeinnützige Stiftung gegründet hatten, sondern eine sogenannte Familienstiftung. Im Lehrgang zum Stiftungsmanager hörte ich dann von der Variante einer Doppelstiftung, die als eine gute Lösungsmöglichkeit für Unternehmerfamilien mit deren typischen Problemen dargestellt wurde: Unternehmensnachfolge, weniger hohe Vererbbarkeit, Steuerersparnisse etc.

Mit dieser Doppelstiftungsidee habe ich mich dann immer intensiver beschäftigt.

Inzwischen war ich auf Stiftungskonferenzen auch bekannt als der, der das Thema aus einer unternehmerischen Sicht im Detail kennt.

Und es stimmte: Inzwischen konnte ich im Schlaf das Thema Stiftungen in einer Detailschärfe rauf und runter beten, dass Außenstehende immer häufiger beeindruckt nach meiner Visitenkarte fragten. Bei jedem Gespräch in der Kaffeepause konnte ich konkrete Fragen beantworten. Immer mehr Unternehmer kamen auf mich zu und wollten es genau für ihre eigene Situation wissen. Konkret habe ich folgende Frage schon unzählige Male gehört: »Kannst du mir und meiner Familie helfen?«

Da mir dieses Thema inhaltlich sehr viel Freude bereitet und ich mich auch heute noch mit Begeisterung immer tiefer in das Thema

»eingrabe«, um auch die letzten Nuancen zu verstehen, habe ich mich dann beruflich darauf spezialisiert, Menschen und Familien bei diesem Thema zu unterstützen.

Dabei ist mir im Alltag klar geworden, dass diese Unterstützung weit über das Thema Stiftung hinausgeht, da es immer um eine Gesamtkonzeption gehen muss, in die eine oder mehrere Stiftungen eingebettet ist bzw. sind. Denn die Stiftung ist nur das Werkzeug, das einen Zweck oder mehrere Zwecke erfüllt: Unterm Strich geht es hier immer um materielle Sicherheit, um die Freiheit, sein Leben so leben und gestalten zu können, wie man will, ohne von mangelnden Mitteln davon abgehalten zu werden. Und es geht um Frieden oder Harmonie in der Familie, zum Beispiel durch die Vermeidung von Erbstreitigkeiten.

Ich selbst sehe mich hierbei als ein unternehmerischer Planer und Stratege für Unternehmer und deren Familien. Dabei erzähle ich nur von meinen Erfahrungen als Stiftungsgründer, Stiftungsmanager und Stiftungsberater und liefere keine rechtliche oder steuerliche Beratung. Das machen Steuerberater und Rechtsanwälte. Nach meiner persönlichen Erfahrung ist eine steuerliche und rechtliche Beratung allein aber nicht ausreichend. Denn diese werden erst wertvoll, wenn die Richtung klar ist und wenn die richtigen Fragen gestellt werden. Was übergeordnet wichtig ist, ist das unternehmerische und praktische Know-how, das einen gesamten Überblick ermöglicht.

Und das ist wichtig, denn: Gemeinnützige Stiftungen brauchen immer mehr auch die unternehmerische Brille, da professionell geführte Stiftungen den unprofessionell geführten Stiftungen immer mehr die Mittel abgraben.

Bei Familienstiftungen brauchen die Unternehmer meine Unterstützung, damit strategisch alles so läuft, wie es für die Nachfolgelösung im Unternehmen, für den Schutz des Vermögens und den Schutz der Familie laufen soll.

Immer mehr Unternehmer gehen diesen Weg. Dabei begleite und unterstütze ich gerne.

Ich tue mit meinen Mitarbeitern alles, was über die steuerliche und rechtliche Beratung hinausgeht. Denn ich bin weder Steuerberater noch Rechtsanwalt. Ich bin Stiftungsberater, Stiftungsmanager und Unternehmer – und damit Praktiker.

In meiner Praxis ist es häufig so, dass Rechtsanwälte und Steuerberater mich fragen: »Sagen Sie mal, Herr Drache, wie geht denn das genau?«

»Ratgeber Stiftung«
Sascha Drache
Lise-Meitner-Str. 17
40764 Langenfeld

Telefon 02173-26 50 880
Fax 02173-26 50 881
Mail: Kontakt@Ratgeber-Stiftung.de
www.Ratgeber-Stiftung.de

»Kontaktieren Sie mich gerne!«

Danksagung

Als Familienmensch danke ich zuallererst meiner lieben Frau. Auch danke ich meinem Sohn, der mich noch vor seiner Geburt dazu veranlasst hat, mir Gedanken darüber zu machen, wie ich ihn bestmöglich unterstützen kann – auch finanziell.

Weiterhin danke ich besonders all meinen Unternehmer-Freunden, die mich jederzeit mit inspirierenden Gesprächen voranbringen, sowie für den Austausch und die Freundschaft.

Ich danke Christoph Lindemann für die Hilfe, die richtigen Worte zu finden.

Auch im Sinne meiner Leser, denen ich gleich noch danken werde, möchte ich mich herzlich beim Team des Bourdon Verlags bedanken, das mich bei diesem Buchprojekt sehr unterstützt hat und das es mit der Veröffentlichung dieses Buches möglich gemacht hat, mehr Menschen mit diesem Thema in Berührung zu bringen.

Damit danke ich Ihnen, liebe Leserin, lieber Leser, für Ihr Interesse und vielleicht auch für Ihre zukünftigen Fragen an mich. Ich freue mich auf konstruktive Gespräche mit Ihnen!